哲学
何以解惑

易菁◎著

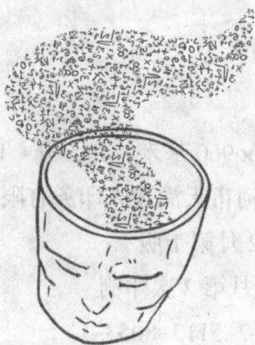

中国华侨出版社
北京

图书在版编目（CIP）数据

哲学何以解惑/易菁著.—北京：中国华侨出版社，
2019.11
ISBN 978-7-5113-8053-1

Ⅰ.①哲… Ⅱ.①易… Ⅲ.①哲学—通俗读物
Ⅳ.① B-49

中国版本图书馆 CIP 数据核字（2019）第 206595 号

哲学何以解惑

著　　者：易　菁
责任编辑：刘晓燕
责任校对：孙　丽
经　　销：新华书店
开　　本：670 毫米 ×960 毫米　1/16 开　印张：15　字数：271 千字
印　　刷：河北省三河市天润建兴印务有限公司
版　　次：2019 年 12 月第 1 版
印　　次：2024 年 2 月第 2 次印刷
书　　号：ISBN 978-7-5113-8053-1
定　　价：42.00 元

中国华侨出版社　北京市朝阳区西坝河东里 77 号楼底商 5 号　邮编：100028
发 行 部：（010）64443051　　传　真：（010）64439708
网　　址：www.oveaschin.com　　E - m a i l：oveaschin@sina.com

如果发现印装质量问题影响阅读，请与印刷厂联系调换。

序

在《哈姆雷特》第一幕第五场，哈姆雷特说："霍拉旭，天地之间有许多事情，是你们的哲学里没有梦想到的。"莎士比亚借哈姆雷特之口说出这番让人记忆犹新的台词，而那时，主人公哈姆雷特也正在为盘踞在城堡墙垛上的父亲的亡魂而忧心忡忡。

大文豪莎士比亚与大哲人培根处于同一时期，当时，马基雅维利和哥白尼的思想深深地震撼了全世界。莎士比亚是当时著名的社会批评家，他也许是希望借助哈姆雷特这一角色来反击缓缓拉开序幕的新科学时代的各种宣言。这是因为，在他生活的那个时代，哲学正与精神性范畴渐行渐远，而一个彻底的唯物主义世界观正趋于完整。

诚然，哈姆雷特的一番声明可以达到引导我们思考哲学的目的。然而，"天地之间"究竟有什么是我们所不知道的呢？很显然，任何一个哲学家都无法给出标准答案。一方面，哲学活动与人类的其他活动类似，受到时代背景的限制；另一方面，哲学活动又竭力克服与突破当时思想的边界。哲学不是收集并组织新信息的科学，亦不是反映这个可以被人类感知的世界的艺术。总而言之，提及哲学，难免让人心头涌起晦涩难懂的感觉。实则不然，哲学的智慧关注的是鲜活的人心和活生生的生活，只是，后来哲学逐渐被制度化，成为一种看似与生活无关的纯脑力活动。而现在，哲学正走在回归的路上，让普罗大众也能慢慢理解它、应用它。这样一来，你就可以利用哲学这个工具，展开对人性的深入探索。

　　每一个人都是一个完整的世界。

　　杀死一个人，

　　就毁灭了一个完整的世界。

　　拯救一个人，

　　就拯救了一个完整的世界。

　　这段话引自犹太教法典《密西拿》。世界上，没有人是一座完全的孤岛，而是整片大陆的一部分。随着任何一个人的"毁灭"，世界也会残缺。然而，人生诸多难题都可能"毁灭"任何个体：善与恶的纠葛、理智与欲望的冲突、爱与恨的交织、道德的坚守与背离、理想与现实的矛盾、灵与肉的碰撞……于是，面对选择，太多人陷入了思想的牢笼，痛苦、迷茫、疑惑、麻木一直困扰着他们，最终走向自我毁灭的深渊。

　　如何解决这个问题，马可·奥勒留早就留下了掷地有声的答案："若问人世间还有什么能指引我们的人生？那么，就是哲学。"

　　哲学并非只有枯燥的理论知识，还有着广阔而深邃的内涵。本书试图以古今中外著名哲人的哲学理论、思想精髓、人生经历为出发点，围绕人性、生死、处世、存在、道德等对人生有重大意义的核心命题，用哲学慰藉人心、关照现实。亲爱的读者，在您踏上下一段人生旅程前，务必感受一下哲学的魅力。这本书就像是一把钥匙，能帮助你解开人生中可能遇到的诸多难题，让你更好地领略沿途的大好风光。

目录

第一章
奇迹在你自己：哲学这样看生活

第四章
没有目的，只有过程：哲学这样看生死

第五章
不高估，亦不低估：哲学这样看人性

第六章
如何做正确的事：哲学这样看道德

第七章
要么孤独，要么庸俗：哲学这样看心灵

第八章
是相对，还是绝对：哲学这样看自由

第九章

白昼之光，夜色之暗：哲学这样看精神

第一章 | 奇迹在你自己：
哲学这样看生活

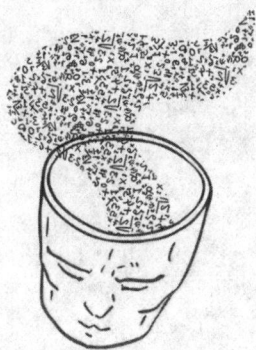

001

苏格拉底：治疗灵魂的医术

谈及古希腊或古罗马哲学，苏格拉底是绕不开的丰碑式人物。在他之前的一个世纪里，也涌现了一批在当时颇具影响力的哲学家，比如说泰勒斯、毕达哥拉斯、赫拉克利特，但他们的哲学思想要么围绕着物质的宇宙，要么提倡极端精英主义的人生哲学。直到苏格拉底的才华初现端倪，他是人类历史上第一位坚决认为哲学应该关切普通人群的日常生活并为之发声的哲学家。苏格拉底出身贫寒，他的父亲是一名石匠，他的母亲是一名助产师。他并非一出生就是上天的宠儿，巨额的财富、丰富的人脉资源或优雅的风度都与他没有关系，然而，他以才华与人格征服了那个人才辈出的时代，让人们为之神魂颠倒。

终其一生，苏格拉底没有写过一本书。他并没有一套由弟子传承的贯穿始末的思想。我们只能通过他人对苏格拉底的各种记述来了解他和他的思想，其中尤其以他的弟子柏拉图和色诺芬的相关记述最为重要。而通过后人字里行间有关他的记述，我们发现，他努力向雅典同胞传达着这样一种思想——"不断质问你自己的习惯"，他将其视为自己的神圣使命。

在他看来，"省察自己与他人乃是最高等级的善"，而人的一项重要活动就是"每天讨论这种善"。他说："大部分人一生都在梦游，从没问问自己在干什么，为什么要这么干。他们的价值观与信念从父母那儿传承而来，甚至连父母的文化，他们也一并毫不质疑地接受了。但是，如果他们不幸地接受了一些错误观念，他们的思想就会得病。"

苏格拉底坚信，哲学应该探讨的核心问题是"你如何理解这个世界"，以及"你认为生命里最重要的事是什么"，而这些命题与每个人的身体、精神健康都息息相关。信念不同，情感状态也不同；政治意识形态不同，也会导致不同的情绪疾病。比如说，有的人很渴望获得别人的认同，也就是柏拉图所说的自由民主社会里最典型的情绪疾病，而这种哲学思想会让人逐渐对社交产生恐惧感。但是，如果按照苏格拉底的理论，就应该把这种无意识的价值观带入意识里，每天省察，并最终裁定它们是不明智的。于是，这种信念最终被改变了，而人的情绪与身体状况也随之变化。

在苏格拉底看来，就某种意义而言，每个人的价值观都来自他所处的社会，但是，任何人都不能责怪自己或他人的文化，因为正是他自己每天选择接受它们、认可它们。正如苏格拉底所言，我们有责任"关照我们的灵魂"，这是哲学的教导，即心理治疗的艺术，它最初就起源于古希腊人"关照灵魂"的思想。我们有义务时时省察自己的灵魂，裁定那些价值观或信念是否合理，哪些是健康的，哪些是有病的。可见，哲学在某种程度上被视为一种我们可以施加于自身的医术。

西塞罗是公元前1世纪古罗马著名的哲学家，他曾在书中写道："正如我向你们保证的，确实有一种治疗灵魂的医术，那就是哲学。与身体的疾病不同，我们无须去身体之外寻求救助它的办法，而可以运用我们自身的力量去治疗自己。"这正是苏格拉底一直致力于教给他的雅典同胞的哲学思想。那时，他时常在城邦的街道上悠闲地散步，遇到任何人就停下来，与他们交谈，去了解那个人的信仰与追求。后来，他的雅典同胞认为他亵渎了神灵，对他进行审判。这时，他对他们说："我在雅典城邦里四处游走，与你们攀谈，就是试图说服你们中间的老者与年轻人，不要在意你们的身体或财富，而要竭力'让灵魂达到最佳的状态'。"

苏格拉底的生活哲学饱含着一种一以贯之的乐观态度，我们可以省察自己的信念，通过改变它们来改变自己的情绪，这就是自己治愈自己的能力。这种能力是我们内在所固有的，无须求助于任何教士、药理学家或心理师。正如文艺复兴时期蒙田在一篇随笔里所写的："苏格拉底为人性做了一件大好事，让人们发现它多么有用。"

002

苏格拉底：锻炼是宠爱肉体的最佳方式

苏格拉底一向主张在生活上应该与最低标准保持一致，他崇尚艰苦朴素的生活，而他自己也是那么做的。每次当他饥饿万分的时候，他才会少量进食；同理，面对同样能填饱肚子的食物，他总是从昂贵或低廉的二者中选择后者。因为对于苏格拉底而言，进食其实只是为了果腹，以便维持生命。就像苏格拉底常说的："当人们把所有的感受力都放在饥饿这件事情的时候，味觉就被排在了后面。吃下去的食物只要能填饱肚子，无论昂贵或低廉，都成了无上的美味。"

苏格拉底不仅自己崇尚俭朴，他还经常告诫周围的人要节俭度日。有一天，苏格拉底与别人一同吃饭，人们各自准备自己的食物，每个人所带的肉类或面包的分量各不相同。于是，苏格拉底就交代仆人把人们带来的肉都放在一个大盘子里，大家一同享用，不分彼此。然而，那些带的肉比较多的人就觉得吃亏了，以后再聚餐的时候也不会再多带肉过来。苏格拉底正是看透了人性，于是用这种办法迫使那些富豪也尝试着过俭朴的生活。

吃饭的过程中，苏格拉底发现在场有个年轻人光吃肉，不吃面包。于是，他对年轻人说："你看，大家都把肉和面包放在一起吃。而你为了满足自己的食欲，光吃肉，不吃面包。时间长了，你会把身体惯坏，也永远体会不到俭朴生活带给你的乐趣。"

年轻人听罢，并没有放下手里的肉，而是又拿起了一块面包，一边吃肉，一边啃面包。苏格拉底见状，接着说："你是以面包为主、以肉为辅呢，还是以肉为辅、以面包为主呢？你的身体被娇惯坏了，以后你只会越来越难满足它。"

　　苏格拉底把所有的注意力都集中在饥饿的感觉上，从而忘却了味觉。一旦过于关注味觉，就会让我们忘记进食的目的只是维持我们的生命，为了满足口腹之欲，我们只会肆无忌惮地骄纵着微妙的身体。人生想要获得成功，专注是必不可少的一种品质，当人们专注于求知或为事业而奋斗的时候，就会理所当然地将时间和精力都投入其中。可想而知，这是一件多么困难的事情，既要控制来自其他事物的种种诱惑，还要控制身体和大脑对疲倦的感受力。换言之，这是人们在尝试着挑战被娇惯坏了的身体。

　　在这些方面，苏格拉底始终为后人做着表率。服兵役期间，他展现了常人难以想象的毅力。在《筵话篇》里，阿尔西拜阿底斯写道："那时，敌人切断了我们后方的补给，于是，士兵只能忍受着饥饿。苏格拉底实在是太了不起了，他的毅力比其他任何人都更强大。战争中类似的事情时常发生，每当这时候，他不仅比我优秀，也比其他所有人更卓绝，没有任何人能与他媲美。他有着惊人的忍受严寒的能力。有一天，下起了大雪。大部分人躲在屋子里，根本不敢出去，或者用厚衣服把自己裹得严严实实的，以此来抵御严寒。苏格拉底呢，他还是穿着之前的旧衣服，赤裸着脚，在冰面上行走。但是，他走得比其他人都稳一些、快一些。至于那些穿着厚衣服的士兵呢，他们甚至连看都不敢看苏格拉底一眼，因为他们会觉得苏格拉底正用鄙视的目光俯视着他们。"

　　苏格拉底正是如此，一开始他就把注意力集中在其他事情上，而不是饥饿或寒冷的感受力上。时间长了，他也因此拥有了绝非常人能比的毅力，再也不会被饥饿或寒冷击败。其实，苏格拉底展现给世人的并非仅仅是俭朴的生活作风，更是用苦难来锤炼自己的一种自我意识。在他看来，种种苦难的锤炼并不是痛苦的，反而是惬意的。他有意选择了这样一种痛苦的生活，只为了享受那份锤炼身体能承受更深沉的痛苦时候的乐趣。他从不放纵或纵容自己的肉体，因此，他的灵魂也从不受制于任何欲望。于他而言，这种简单而朴素的生活就是幸福的。

003

柏拉图：快乐，或是快乐的影像

　　柏拉图在《理想国》一书中对快乐和与之对应的快乐的影像进行了探讨。在他看来，除了智者之外，其他任何人所拥有的快乐只是一种快乐的影像，都是不真实的。为什么柏拉图会这样说呢？

　　他举例说，人们生病时，往往会说再没有比身体健康更能让人快乐了。当人们深陷于痛苦的泥沼中时，往往会说，痛苦停止了，即是快乐，快乐停止了，即是痛苦，那么，那些平静的中间状态则可能是既不快乐也不痛苦的，也有可能是既快乐又痛苦的。然而，那些两者皆否的东西真的能转变为两者皆是吗？显然不能。对于人来说，快乐也好，痛苦也罢，都是源自心灵的一种活动，而这种介于快乐与痛苦之间的平静的中间状态，它无论如何也不会是既快乐又痛苦的。由此可见，用痛苦作为快乐的参照物，或是用快乐作为痛苦的参照物，归根结底都是平静的中间状态，这是一种快乐或痛苦的相似物，但绝不是真正的快乐或痛苦。柏拉图将这种似是而非的快乐称之为快乐的影像。有的快乐能从肉体传达至心灵，这是所谓的最大的快乐，而这些快乐大部分其实都是快乐的影像，它们并不是真正的快乐，而只是在某种程度上摆脱了痛苦。比如说，吃饭能让人产生快乐，这是因为人们通过吃饭而摆脱了饥饿的痛苦。人们的种种期盼也会产生快乐与痛苦，这种快乐与痛苦是处于满足人类基本需求的快乐与痛苦之上的。柏拉图对此进行了进一步的阐述，"正如我们可以把自然一分为三，即上、中、下三个级，人们从下级逐渐上升到中级，但他们从未领略过真正的上级，因此，就自认为中级已经处于上级了。人们之所以产生这种错误的观念，是因为他们进行了错误的对比。那些没有经历过真实的人，他们也难以正确认识真正的快乐、痛苦，以及处于二者之间的平静的中间状态。"

接着，柏拉图又指出，那些用来充实的对象或被充实的对象越是真实而实在的，人们从中获得的快乐也就越真实。人类的肉体和心灵长期处于一种空缺状态：为了满足肉体的需求，必须提供给它饭、果蔬、肉类、饮品等各种食物；为了满足心灵的需求，必须提供给它各种知识、意见或美德。对肉体和心灵而言，用来充实它们的对象有着本质的区别：食物永远处于变化之中，是可生可灭的；而知识、意见、美德却永远地存在，也不会变化，后者远远比前者更实在，也就更真实、更可知。与此同时，肉体也远远不如心灵那样真实而实在。因此，柏拉图的结论是，拥有智慧的人才能拥有真实而实在的快乐。而那些没有智慧的人，他们终其一生在中级和下级之间往返，从没有真正抵达过最高一级，从没有获得过真实而实在的满足，也就从未感受过最纯粹的、最实在的快乐。有的人心灵中存在着某些不实在的部分，而他们总是试图用某些不实在的东西去填充那里，这往往是徒劳无功的。这种人所感受到的快乐往往混杂着痛苦，因此，他们所触及的快乐也不过是真实的快乐的影像罢了。与之相反地，如果人们能在知识和理性的引导之下，纯粹地追求智慧，那么，他们最终会感受到最真实、最实在的快乐。

004

亚里士多德：什么是最优良的生活

　　人们一般认为，柏拉图所著的《理想国》为人们描述了真正的乌托邦生活，却鲜有人能意识到亚里士多德所著的《政治学》体现的乌托邦思想。但是，在亚里士多德哲学体系中也曾探讨过人们有可能过上的最优良的生活和最完善的城邦。大多数乌托邦思想的拥趸者习惯于从最优良的政体着手，从中导源出最优良的生活，亚里士多德却反其道而行之，试图从最优良的生活着手，这也可以解释在那串长长的乌托邦者的名单中为何亚里士多德会缺席。纵然如此，亚里士多德也秉持着乌托邦观念，他在《政治学》中对理想城邦进行了细致的论述，这也部分反映了他关于乌托邦的思路和理念。他所倡导的乌托邦体现了一种系统性的观念，指的是以人类的智力与愿望为基础，努力获得最好的生活，它的内容囊括了什么是最好的生活，以及如何才能过上这种理想的生活。

　　在亚里士多德看来，最好的生活应该是合乎自然的。人类有着许多种欲望和喜好，有的与人性相吻合，于人而言是善的，有的违背了人的天性，于人而言是恶的，我们对此必须加以区分。和其他所有古典学派一样，亚里士多德也坚持认为善的事物与让人感受到快乐的事物有着本质上的区别，比起让人获得快乐的事物，善的事物更趋于根本。因此要判断一种生活是否是自然的好生活，就要先了解人的天性或人的自然究竟是如何构成的。因此，提及最优良的生活，我们就倾向于一种向善的、合乎人性的生活。亚里士多德身上充分反映了希腊传统的理性思想，他认为，每个人都以这样或那样的方式将灵魂与肉体区别开来，而且所有人都必须承认，灵魂始终高于肉体。对于人类这种理性的动物来说，最好的生活正是不断地完善并提升人性、净化灵魂，从而获得一种德行。正如亚里士多德在《政治学》一书中所总结的，"立身立国以营善德的生活，正是最优良之生活"。

亚里士多德将灵魂的德性活动分成两种：一种是将实践的智慧与伦理道德结合在一起的活动，也就是实践理性的德性；另一种则是单纯的理论智慧的活动。归根结底，这两种活动对应了希腊人两种真实的生活方式：一种是实践性的或政治性的生活方式，另一种是理论性的或哲学性的生活方式。那么，积极地参与城邦的政治生活，或者作为一个旁观者而置身事外的哲学生活，究竟哪一种算是优良的生活呢？在《伦理学》一书中，亚里士多德已经就这个问题给出过确切的答案，在他看来，理论的、思辨性的生活是最重要的，而将实践智慧与伦理道德结合在一起的生活则处于后一等级。但他同时也指出，只有那些有能力从事哲学事业的人才能从哲学方式的生活中获益，可见，对于一般的公民而言，追求善德的生活亦不失为一种好的生活。

斯宾诺莎：遵循正确的方式，过真正的生活

斯宾诺莎在《神学政治论》里多次提及正确的生活方式的相关问题。他在第二章《论预言家》里写道："虽然以色列人得到了上帝的启示，但他们对上帝一无所知。因此，摩西只能教导他们道德规范，以立法者的身份通过法律的权威迫使他们过上一种向善的生活。因此，无论是对上帝满怀着崇拜与爱意，或是以正确的生活方式过着真正的生活，于他们而言都是一种约束，绝不是真正意义上的自由。"不难发现，在斯宾诺莎看来，能否可以真正认识上帝与正确的生活方式之间并不存在必然的联系。

斯宾诺莎在《神学政治论》第五章《论仪式的法则》里也谈起过，倘若一个人对《圣经》里的各种故事都一无所知，却仍然心怀着向善的信仰，以一种纯真的生活方式过着他的生活，那么他仍然是幸福的。在他看来，以正确的生活方式过上真正的生活需要从以下几个方面入手：

斯宾诺莎认为正确的生活方式的重要内涵之一就是要对两种不同的欲望加以区分。在他看来，有一种欲望源自人的本性，单单依靠人的本性就能够理解这种欲望。心灵是由充分观念构成的，而这种欲望与这些观念息息相关。但其他欲望则恰恰相反，它们与心灵有关联，却是针对那些心灵并不能充分认识的事物而言的。因此，前者是主动的行为，人能够凭借着自身的理性来驾驭它、决定它，是善的；后者是被动的感情，这意味着我们拥有的只是仍是软弱的、无力的、不完备的，它游走于善恶之间。

我们从《伦理学》第三部分所论述的内容里可以发现，斯宾诺莎所指

的被动情感的欲望其实就是外部因素刺激之下引起的欲望，比如对财富的追求、对名利的渴慕等。在他看来，这些欲望必须遵循一定的度。一旦超过了某个限度，就会沦为恶，即贪吃、好色、贪婪等。然而，如果能控制在一定的限度内，它们对身心都是有利的，也可以成为善。不同于这种被动情感的欲望，斯宾诺莎把源于理性的欲望称之为心灵的力量，将其分为勇敢与崇高两种类型。所谓勇敢，包括了自我克制、谨慎、临危不乱等；所谓崇高，包括了宽容和礼貌等。

正确的生活方式的重要内涵之二即生活中的头等大事就是致力于完善理智。完善理智的首要任务就是尽可能地理解上帝，包括理解上帝的属性及在上帝本性的必然性的趋势上所引发的各种行为。具体来说，就是要尽可能地了解自身、了解一切事物。这要求人们以追求理性为人生的最终目的，并用理性这种最高欲望控制其他各种欲望。

正确的生活方式的重要内涵之三是待人。斯宾诺莎在书的附录部分利用大量的篇幅谈论了与人相处的方方面面。他尤其强调了友谊与团结，要在人与人之间建立起一种亲密的联系，让他们如同一个个体般联系在一起。他还认为，很多人的行为完全受情欲所支配，最好的办法就是包容他们造成的伤害，以促进个体之间的友爱与和谐。那些真正和谐的行为始终与公平、正义、荣誉等密切相连。甚至连谄媚亦能产生和谐，但这种和谐并无任何诚意。

正确的生活方式的重要内涵之四是如何对待外部事物。斯宾诺莎写道："我们在理性的指示之下，要么保存它们，要么消灭它们，这完全依赖于它们自身的公用是否能适应我们的需求。"这是他崇尚的对待外部事物的一个总的原则。

006

奥勒留：过一种自然的生活

马可·奥勒留（121—180）是古罗马帝国的皇帝，他在位长达20年。除了皇帝之外，他还兼顾哲学家的身份，纷飞战火的间隙里，他总是抓紧时间记录下自己一点一滴的思考，他的代表作《沉思录》就是在沙场中写就。他认为，自己先是哲学家，再是皇帝，正是因为他处处以哲学家的身份自律，他也因此成为古罗马历史上颇受人敬仰的一位皇帝。他满怀着人性的柔情，又铁骨铮铮，言行一致。他手下的一位军人率领众人意图谋反，这场叛乱平息后，奥勒留最终选择了原谅。然而，最终这位军人羞愧难当，以死谢罪。

《沉思录》一书的基调是忧郁而甜美的，宽容、仁慈、高尚、纯洁、宁静等精神渗透于字里行间，传达了对众生深沉的爱意与同情，气势恢宏的宇宙意识流淌于行文间，向世人展示着人类想象力的无边无际。如果我们能沉下心来静静阅读这本书，书中厚重的人道主义精神力道十足，霸道地穿透人生乃至全宇宙，将天地之间洗刷一遍，只留下一片澄澈。

奥勒留在《沉思录》里指出，人应该过上一种自然的生活。他所说的自然是什么呢？其实，自然就是宇宙，宇宙是一个永恒的生命体，有理性，也有灵魂。宇宙这个生命体按照理性不断运行着，因此，世间万物也井然有序地存在着，运行着。这个宇宙生命是完整的，它由许多部分组成，而各部分之间又相互规定。人类也是宇宙的一个组成部分，既规定着整个宇宙，又为整个宇宙所规定。这是一个漫长的链条，而人则是这根长长链条上的一环。没有任何人能脱离宇宙这个整体而独自存在，而且所有人的生活都要遵循这个整体的规定。人一旦脱离了宇宙整体的规定，就犹如身体的任何一个器官脱离了身体，生命力与活力都会荡然无存。

那么，理性是自然的本质，人们就应该过一种合乎自然、合乎理性的生活。奥勒留在书中指出，真正合乎理性的生活要遵循以下原则：

第一，要服从宇宙整体对自己命运做出的安排，整体早就规定了每个个体的命运，而且它恰好与每个个体的本性相符。人们一旦违背了整体对命运的规定，就不可能获得幸福的生活。

第二，要树立宇宙意识，以一种更宽广的胸怀原谅那些犯错的人，因为有时候心灵免不了受到诱惑而偏离真理的轨迹。任何人都不可避免地会犯错，那么，又有什么理由不宽宥其他人呢？这种宽广的胸怀与宏大的宇宙整体合乎一致，一切事物在宇宙的整体中就能找到存在的价值和相应的位置：万事万物都不会因其渺小而丧失存在的权利，也不会因其大而阻止其他渺小事物的存在。宇宙一遍遍将真理昭示于人类：万事万物并存于世，方能各得其所，各司其职。

第三，要努力过真正高尚的生活：爱他人，爱自己的敌人，爱生命全体，爱宇宙整体。用宇宙般宽广的胸怀去容纳万事万物，怀着深切的怜悯去爱这个世界。生命短暂如斯，瞬息即逝，一转眼间，我们就成为一抔黄土，又何必去互相折磨，再平添许多痛苦呢？

万事万物来源于同一个整体，遵循着同样的真理存在于世，这就是我们互爱最深切的理由。一切事物原本就是同根所生，它们都是同胞。只有意识到了这一点，我们才不会再把任何其他的人或事物视为异己。正如奥勒留在《沉思录》里所昭示的，"在偌大的宇宙间，低级的事物是为了高级的事物而存在，那么，人又是为了什么存在着呢？人是为了同胞之间的互爱而存在着的。爱是人之本，倘若人没了爱，就不能称之为人"。

爱的真谛不是说，而是做。只有将爱付诸行动的人，才是真正高尚的人。这样的人必定对苍生心怀悲悯，对自然心怀敬畏，时刻准备着为其他人、其他事物尽上一份绵薄之力。而之所以这么做，只为发乎于本性。在奥勒留看来，人只有到了这个境界，才是真正与宇宙万物浑然一体，与自然合二为一。

007

罗素：爱与知识，即美好人生

罗素是20世纪最伟大的哲学家之一，也是一位颇为博爱的人文主义者，对人类幸福怀着满腔的热情与关切。他建立了自己的幸福观，尤其关注决定人是否幸福的个人伦理。此外，在他看来，那些遭遇悲惨的人并不是真正不幸的人，相反，那些享有足够温饱的人却有可能不幸。为什么这么说呢？并不是经济问题造成了这类人的不幸，而是因为他们的世界观、伦理观或生活习惯是错误的，最终导致了不幸。

罗素认为，"许多文明国家的人们正在生活中遭遇着普遍性的不幸，应该为他们开出一剂良方"，并将这视为自己的使命。接着，他还对诸如善的生活、幸福的若干要素进行了细致的描述。在目的和方法方面，罗素与古希腊时期的哲学大家亚里士多德一脉相承。"亚里士多德所追求的就是为人们描述出真正美好的生活，让他们自己去追求。"

那么，幸福源自什么呢？罗素认为："对于人或事物的友善与关切是幸福的根本立足点。"关爱人或周遭事物，其实就是一种爱。一个能够观察并体恤别人的人一定也会获得来自别人的充满善意的反馈，因此，个人幸福的源泉其实就是由衷地爱很多人。罗素把对周遭事物的关爱排在了对人的关爱之后，但这也很重要。以关切之心对待周遭事物，能让人始终拥有平和的心境，他也能快速忘却烦恼。

在罗素看来，善就是幸福。他在《幸福的征服》里写道："身为一个享乐主义者，我写下了这本书，也就是说，善就是幸福……"他所说的善指的是"欲望得到满足，或获得快乐，有时甚至是快乐与欲望兼而有之"。也就是说，在他的哲学思想里，幸福的生活与善的生活等同起来了。

罗素就善的生活提出："爱能激发善的生活，而知识能引导善的生活。"可见，无论是爱，还是知识，都是善的生活不可或缺的。一旦爱缺乏了知识，就会变成一种愚昧的迷信。也就是说，爱是这种善的生活的根本，那些智者拥有了爱，就会去追求知识，再以知识为手段，让他所爱之人生活得更幸福。

罗素定义的爱有着宽泛的内涵。在他看来，作为一种情感，"爱游走于两个极端之间，一边是思考时最彻底的快乐，另一边是最彻底的仁爱"。比如说，当人们在观赏山川湖海等自然风光时，会感受到快乐，但仁爱之心并不会由此萌生，换言之，这就是罗素指的爱周遭的事物会让人感到快乐。再比如说，孩子生病了，父母会心生怜悯，对孩子的容颜却不甚在意。罗素认为，最理想的爱其实是美好希望与快乐的合二为一，换言之，爱包含了两部分，一部分是对周围事物的兴趣，另一部分是对人心怀友爱。这种爱又包括很多种，有父母与孩子的爱、恋人之间的爱、朋友之间的爱等。

除了爱之外，罗素认为善的生活的另一大要素就是知识。他所说的知识包括科学知识和关于个别事实的知识。在他看来，要实现善的生活，就必须以知识为手段。工作、爱好、兴趣、情致等都是幸福生活的重要来源，而这些都与知识息息相关。

罗素认为，工作是一种积极的社会实践活动，有助于促进知识的增长。只要保证工作强度不超出人的承受能力，人就能从工作中感受到幸福。适当的工作可以让人从乏味的日常生活中摆脱出来，并给人获得成功的机会，让人在工作中产生成就感，实现自身价值。如他所说的，"你一旦完成了某项具有建设性的工作，你会由衷地愉悦"。

此外，罗素还发现那些拥有幸福生活的人都有一个很普遍的特点，那就是这些人都很有情致，并建议人们尽可能多地培养一些爱好或兴趣。他说："一个人有越多感兴趣的事情，他获得幸福的机会也越多，也越不容易受控于命运。这是因为即使他失去了某一件东西，他能马上转向另一件。"真正的情致与人类的天性浑然天成，人们应该把欲望和兴趣都融入生活这个整体框架里，让其成为幸福最真实可靠的来源。

008

尼采：孤独是哲学家的命运

"人要独居，要么是野兽，要么是天神。"亚里士多德如是说。对此，尼采补充道，亚里士多德忽略了第三种情况，那就是哲学家。野兽天性狂野，桀骜不驯，可以独居；天神充实、自足，可以独居。而哲学家则兼具了野兽与天神的特点，他桀骜不驯，又充实自足。人类是群居性的动物，而哲学家却是人群中的异数，是最不合群的孤独者。尼采在《查拉图斯特拉如是说》里写道："我的兄弟啊，满怀着你的创造力和你的爱，去到你的孤独里吧！很久以后，正义会瘸着脚，跟随在你身后。"这是尼采所预言的一切创造者的命运，哲学家亦不例外。

在尼采看来，孤独并不可耻，而是一种荣耀。他说："有一条可怖的鸿沟，将他们与一切传统隔离开，而他们栖身于永远的荣耀之中。"当一个真实的人被虚伪所包围，他注定孤独；当一个思想的战士向传统发起挑战，他注定孤独。孤独，是所有真正的哲学家的命中注定；那些真诚而勇敢的哲学家，孤独是他们的命运。

对于尼采而言，孤独是一个危机重重的避难所。长期处于孤独的氛围中，会让人变得萎靡不振，最终臣服于身体与精神的折磨。任何处于孤独包围之中的人，他需要拥有如歌德或贝多芬那般坚毅的品性，才能在孤独中坚持自我。而这些有着伟大人格的人们，却还要忍受来自社会的摧残，甚至连他们视为荣光的孤独，也成为一宗罪状。对于这些伟大的人的最终命运，尼采一直抱以悲观态度："这样的人最终都会走向毁灭，这是规律。

在地球的许多角落里，他们屏气凝神地等待着，不知要等多久，最坏的结果也许是空等一场。不过，可别认为哲学家的一生只有苦难相伴。孤独者的陶醉与欢愉是一般人难以想象的。"

在尼采看来，迎着严寒绽放的梅花是孤独的，因为其他花儿不堪忍受寒风白雪的摧残；在苍天振翅高飞的雄鹰是孤独的，因为万物之中只有它能睥睨众生；而哲学家同样也是孤独的，只有他们怀着一颗敏感的心，试图剖析一切痛苦的人生问题，而不愿意效仿他们那些麻木的同胞。也只有哲学家才勇往直前地迈向自己的目标，而坚定地排除外界的干扰，孤独如影随形。

市井小民最受尼采所不齿，在他看来，他们卑劣而猥琐，不耐烦也不相信可以改造他们。他主张，若以追求真理为人生目标，就应该远离那些小市民聚集的场所，而去孤独中避难。尼采认为，创造力是人们与生俱来的一种潜力，但是，大部分人都不愿意去挖掘，因为懒惰，也因为创作如同沉重的镣铐，一旦戴上，安全感、欢愉、荣光等让人获得心理满足的事物就会随之离去，唯有孤寂与其相伴。无论置身于何处，洞穴与荒野都环绕在他周围。而任何一颗平庸的灵魂，它的内涵都不值得他人花费心思去理解，因此，也就无从体会真正的孤独。

相反地，真正富有创造力的思想会让人对人生和世界产生独特的感受，他也因此渴望被他人理解。然而，这种深邃的思想是不容易为他人所理解的，于是，他只能深深陷入孤独的拥抱中。在人类之中，最孤独的心灵总是蕴藏着最热烈的爱意：尼采热爱人生，忘乎所以地探索着人生的真谛，同伴渐渐掉队，只剩下他一个，仍然在攀登真理的巅峰。正如尼采所说："所谓无聊，是一颗空虚的灵魂寻求消遣而未能如愿，这是喜剧性的；寂寞是一颗热烈的灵魂寻求人间的寻常温暖而不可得，这是中性的。但是，它们经常被人们混为一谈，甚至冠以孤独无聊之名。"

可见，就尼采的人生哲学而言，这应该是一段有笑有泪、有血有肉的时光，只有完全忠实于生活，才能品味人生的真谛。

009

尼采：回归于生活

很长一段时间里，哲学家沉浸在对理性的崇拜之中，幻想着从理性之中产生一个永恒的理念世界。而尼采则指出，正是这种对理性的迷信让人们忘记真实的感官世界。感官世界复杂而多变，让人们捉摸不透，无法从中获得安全感。于是，理性抓住了这个空子，乘虚而入，以理性的本能寻求着安顿世间万物的秩序，甚至不惜诋毁并抛弃感官世界的一切。正如尼采所说，"人们致力于篡改感官的一切证据，理性正是始作俑者"。

感官是真实世界里的一切诞生、变化、流转、消逝，而理性却要把这一切都否定掉。变动的感官让人们缺乏安全感，为了满足自己的自尊与虚荣，人们开始借助理性将这个世界概念化。一切鲜活的事物都被放入理性的框架里，静止不动，失去了生命力。尼采指出："这是一种虚构，用一种更好的彼岸的生活来向真实的生命复仇"，"世界可以一分为二，即真实的和假想的，无论是遵循基督教的方式，还是康德这个狡猾的基督徒的方式，都不过是生命衰败的开始，颓废的征兆……"

在尼采的心中，理性乃是促成以上种种现象的根源，是万物败坏的本能因素。尼采认为，以理性的角度来诠释世界正是从苏格拉底那里开始的，到了柏拉图那里，凡是智者、虔诚者或有德者，就可抵达这个世界。在基督教的宗教教义里，整个世界只属于智者、虔诚者、有德者和忏悔者；而在康德的哲学世界里，这个世界置身于永恒的暗淡迷雾之中，不能达到，也不被允诺；在实证主义者的理念里，这个世界是否存在根本就无从考证。

基于以上各种观点，尼采给出了犀利的评价："数千年来，凡是经哲学家之手的事物，都沦为了概念化的木乃伊，任何鲜活的事物都未能逃出他们的手掌心。"在尼采看来，感官的世界是如此真实，这里的万事万物都要诉诸物质。它们的存在形式千变万化，一刻也不曾停歇。在这个感官世界之中，人只是其中的一部分。人并不是其他生物的主人，而是与其他生物并存于世。在这个鲜活的世界里，最灿烂的花朵绽放了，那就是生命的活力。

人类凭借着理性这个工具来认识并理解世界，进而产生了有关世界的各种观念，这是一种对世界的加工。在理性的驱动下，物质性的存在变成了语词的存在。在理性的范畴内，世界再也不是那个活生生的真实的世界，而是一个用于表示人类作用于它的各种方式的总和的词，更何况，这种替代是以人类的价值观为基础的，因此，当人类发问"这是什么"的时候，"这对我而言是什么"才是潜在的先决条件。因此，一切事物要在人类的价值观体系中占据一席之地，它的存在才是有价值的。换言之，倘若某件事物不为人们所需要，那么，放逐和消逝就是它注定的命运。"万事万物的存在只有满足'这是什么'这一问题时，它的价值才能完全显现"，可见，理性的世界里，一切事物都是透过一面"棱镜"折射给人们的。

那么，这面"棱镜"是什么呢？它就是逻辑。尼采说，"人脑中的逻辑是从哪儿来的？是来自非逻辑"，"人们有一种非逻辑的癖好，把所有的相似物都当作相同物处理，逻辑的基础正是以此为基础"。而尼采想要做的则是把这个所谓的"真正的理性世界"解构，并向人们宣告，唯一的世界就是人们生活在这里的千变万化的世界，这个真实的世界。

尼采致力于回归生活，他甚至不惜与世界两大精神领袖针锋相对，即理性和基督教教会。但是，他所说的"向生活回归"并不是反对人们把握和概括这个世界，他只是反对人们按照理性去构建一个看似合情合理的世界模型，并把这个模型套用在人们真实的生活上。尼采并不是主张人们放弃理性的手段来理解世界，而是告诫人们，理性在认识世界的过程中只是工具，而不是真理或世界的本质。

在认识世界的过程中，尼采尤其强调人的生命需求，这才是促使人们认识世界的动力。接着，他又进一步提出，不要局限于认识过程本身来考察认识过程，"认识是一种'描述'，把意义放入其中"，"在知识或科学等领域，我们已经超越古人，被我们称为'说明'的一切手段其实都是'描述'。比起古人，我们只是描述得更好了"。从这个层面而言，一切的真理、理性、逻辑都只是一种认识活动的工具。如果这些工具被摆在了至高无上的位置，成为衡量一切的价值尺度，那么，冷冰冰的法则将统治这个活生生的世界，生命的活力与欢愉则荡然无存。

010

尼采：不断超越，权力意志的真义

尼采提出了权力意志的概念并以此作为衡量一切的标准，用它来说明世界上的所有现象，还把万物的永恒生成归结为权力意志。

在尼采看来，希腊文明走向衰微的原因在于狄奥尼索斯精神逐渐消失，因此，他日后思想发展的脉络对这种生命的本能冲动与创造力尤其重视。

尼采在《人性的、太人性的》一书中这样写道：

冒险与生命的孤寂注定是强者要为之付出的代价。

牺牲、服务与爱之眼波所及之处，就是做主人的意志。弱者取暗道潜入强者之堡垒与心间，盗取权力。我曾听生命自己对我说这个秘密，它说，"看罢，我必须时刻超越自己"。

不错！你们将这称为创造的意志，或是达成较高、较远、较复杂的目的的冲动；但是，这是同一个秘密，同一件事情。

……

但凡生命所及之处，就有意志；然则，这并非求生的意志，请听我郑重地对你说，此乃权力意志！

在尼采看来，追求权力意志的大前提，是作为拥有独立人格与独特性格的个体。归根结底，当个人的个性与力量得以彰显时，也意味着权力意志得以扩张。因此，人之为人，必须拥有独立而完整的人格，自尊、自爱与自私。身而为人，要忠实于自己，成为掌控自己命运的主人。要相信自己，而不盲从于他人。拥有权力意志的人，是独一无二的生命个体，能实现无可比拟的自我创造。

在尼采看来，追求权力意志是生命中永不停歇的一场战斗。一般而言，当尼采提及战斗的时候，他指的是宇宙之间各种力量的相互作用，或是在个人的本能冲动或情欲之间做斗争，从而主宰自我。归根结底，这场奋斗或战斗中最主要的对象就是自己。追求权力意志的精髓在于不断发掘自我潜能，不断提升自我。在尼采的哲学观里，生命被纳入一个更宏大的动力体系中，而创造力的意趣乃是动力之源泉。由此可知，尼采提及的战斗就是不断激发人们奋发向上的生命意志，并在此过程中不断发挥创造力。

尼采性情豪迈、愤世嫉俗，他之所以反复强调为权力意志而战斗，其目的就是为了启迪人们在世俗生活上与精神生活上积极进取，不断迸发潜在的创造力。正如他说的，"每天应该与自我作战。战胜也好，战败也好，都不应该是你所关注的，你所关注的唯有真理"。言下之意，要人们为了知识与真理而战斗，《快乐的科学》中提倡人们为生活和理想而战，以及《曙光》中涉及的知识上的勇士，都指的是要在文化领域或精神世界摒弃旧的、开拓新的，不断发挥创造力。

在尼采看来，就知识领域的活动而言，能成为圣者为上，要不然，至少也要成为斗士。显然，尼采谈及的斗士并非士兵，正如他说，"制服下面隐藏的并非制服般的一致性"。由此可见，他对那种内心世界如同制服一般千篇一律的人心怀鄙夷，而尤其重视并鼓舞世人发挥其内在的潜力。他所指的追求权力意志的斗士乃是在精神世界满怀追求真理之热情与质疑精神的人。

011

叔本华：远离妒忌的人生

在叔本华看来，妒忌源自人的天性，它可以很快演变为一种邪恶，进而导致种种痛苦与不幸。他写道："为了追求幸福的人生，我们应该将其（妒忌）视作幸福生活之大敌，浇灭熊熊燃烧的妒火，抑制住人性本源的恶念。"

塞涅卡曾说过："用他人的幸运与自己的不幸相比，无异于一种自我折磨。倘若能避免这种人生之苦，我们会感恩于一切现在所拥有的。"其实，当灾难真的降临到我们身上的时候，那些比我们更加不幸的人的遭遇往往才是最有效的安慰；其次就是那些世界上与我们有着类似不幸的人们，他们与我们一同分担并承受着命运加诸我们的不幸。

叔本华认为，妒忌是针对他人而产生的一种感情，正如他所写的："世界上再没有任何一种仇恨像妒忌那样难以达成和解。因此，我们活在世上，尤其应该小心谨慎，以避免来自他人的忌恨。"更何况，与其他许许多多不同形式的不幸一样，妒忌之火可以焚毁一切，因而我们万万不可随意玩弄万恶的妒忌之火。

接着，叔本华将贵族分为三个类型，进一步阐述人与人之间的妒忌之火。这三种类型的贵族分别是出身和地位上的贵族、财富上的贵族、精神上的贵族。在他看来，只有第三种人群才算得上是真正地高贵，人们也更容易认可这种类型的贵族荣居首位的资格。而以上三种类型的贵族都是人群之中最容易为他人所歆羡或妒忌的群体。接着，叔本华指出，无论你属于其中的哪一种类型，你最终都会遭到其他人隐秘的攻击，这一切都是因为妒忌。对于贵族群体之外的人而言，他们终日处于惶惶不安之中，每时每刻都在担心着你处于比他们更优越的位置，这种不安让他们在现实生活中将内心潜藏的妒忌心理暴露无遗。而正是基于这一点，你才能认清他们的面孔。

叔本华认为，如果遭到了他人的妒忌，就要尽可能地与心怀妒忌的人保持一定的距离，而且尽可能地不要与其发生任何联系。这样一来，才能在彼此之间形成一条难以逾越的鸿沟。倘若做不到这一点，那么，就坦然地面对他们一波又一波的攻击吧。就后一种情况而言，最有效的办法就是以其人之道还治其人之身。

然则，试问普罗众生，谁又能说自己断然没有任何妒意呢？然而我们每个人又是如此地厌恶着他人的嫉妒心。当你眼看着他人被幸运之神眷顾，内心的妒火熊熊燃烧时，你可曾像厌恶他人的妒忌之心一般厌恶自己？其实，人们所厌恶的是命运的不公正，人们所垂怜的是得不到命运决然公正对待的自己。就像叔本华所说的，"倘若我们要对他人的妒忌之心进行某种道德上的批判，那么，我们首先要做的就是批判自己，因为每个人的心里都潜藏着妒忌的火苗"。

012

叔本华：财富之于人生

伊壁鸠鲁是伟大的幸福论者，他准确地把人的需要分为三类：第一类是必需的自然需要，比如食物、衣服等，这是容易满足的需要，但一旦缺乏，就会萌生巨大的痛苦；第二类是非必需的自然需要，比如获得某些感官上的满足，较之第一种需要，第二种难以满足；第三类是非必需、非自然的需要，比如对于奢侈、炫耀等虚荣的渴求，这种需求犹如深渊，无穷无尽，难以满足。

在叔本华看来，财富欲就属于第三种需求。他认为，虽然有可能用理性来划定财富欲的界限，但这太过困难。"我们很难找到满足人的绝对肯定的财富量究竟要多大，原因在于这种数量是相对的，就像意志在人的所求和所得之间保持着一定的比例。仅仅以人之所得来衡量他的幸福，而不考虑他究竟希望得到多少，这是一种无效的方法。就好比光有分子却没有分母，根本无法写成分数。"之所以这么说，是因为人们是不会对希望之外的东西产生失落感的，因为他即使不拥有那些，也不会失去快乐；同时，有的人拥有巨额财富，却依然为某些他希冀却无法得到的东西而郁郁寡欢。人性大抵如此，当某些事物在能力范围内唾手可得时，他信心倍增，快乐自在；一旦阻力重重，难以企及，就会滋生万分苦恼。总之，穷人不会眼红富人的万贯家财，富人也无法用他的财富弥补其他希望落空时的失落感。

对于财富与人生的关系，叔本华的观点可谓一针见血，"我们不妨将财富视为海水，越是喝得多，越是口渴，名声亦是如此"。丧失财富时，第一次伴有阵痛感，却难以改变人的习惯与气质，原因在于人一旦失去了财产，他会自觉减少相应的权利。权利会伴随着厄运的降临而逐渐减少，这本是很痛苦的事，然而，一旦做了，痛苦也随之减少，直至不复察觉，它就像一道旧伤疤，终有一天会痊愈。与之相反地，当好运从天而降时，人们拥有愈来愈多的权利，不可约束。诚然，这种膨胀感会带给人无穷的快乐，但是，这并非持久的快乐。一旦这种膨胀结束，快乐也随之消失。正如《奥德赛》中所说，"当我们无力使财富增长，但又试图使权利增长时，不满的空虚感就油然而生，当我们习惯了权利的增长后，就对财富的增长漠不关心了"。

当我们真正了解到人们五花八门的需要，并深知人们的生存是以这些需要为基础的，我们就不会惊讶于财富远远比世间其他东西更为尊贵，财富为何处于如此显赫的位置；对于有的人将谋利视为人生唯一目标，并把诸如哲学、智慧在内的事物抛之脑后，我们也不会感到惊奇了。有些人对财富的热爱与追求远远超过世间其他事物，这一点常常遭到斥责，然而，其实这是自然而无法避免的事。人性犹如多变的海神，永远不知疲倦地追逐着各种事物，试图满足自身的欲求和渴望。任何事物都可以满足人们的一个需求，与此同时，一件事物只能满足一种需求：饥饿的时候，食物是最好的；狂欢的时候，酒精是好的；生病的时候，药物是最好的；寒冷的冬天，炉火是最好的；青春年少的时候，爱情是最好的。然而，任何事物的好都是相对存在的。

因此，叔本华奉劝诸君，保存那些赚取或继承而来的财富，"正因为拥有这样一笔钱，人可以过着舒适而独立的日子，这是一件天大的便宜事。有了这笔钱，就可以免除如同慢性恶疾一般依附于人的贫穷，可以从如同人类宿命般的强迫劳役中解脱出来"。在叔本华看来，只有在这样良好的命运之下，人才能称之为真正地生而自由，才能成为他所处时代的主人，才能在清晨从睡梦中苏醒过来时说："这新的一天是属于我的。"

013

孔子：克己复礼的中庸之道

儒家将人生观与政治主张密切地联系在一起。道德和德治是儒家思想的重要命题，在孔子那里，道德的最高表现形式就是礼和礼治。

孔子生于公元前 551 年，名丘，字仲尼，山东曲阜人氏，祖上是宋国的贵族，到了他这辈早就没落了。孔子刚出生时，他头顶的形状跟附近一座名为尼丘的山很相似，中间低、四周高，故而名丘。又因为孔子在家里排行老二，故字仲尼。因此，我们现在常说的孔老二、孔仲尼、孔丘等都是孔子，而子是古时候的尊称，意思是先生。

"吾十有五而志于学，三十而立，四十而不惑，五十而知天命，六十而耳顺，七十而从心所欲不逾矩。"这段文字正是对孔子勤勤勉勉一生的真实反映。55 岁那年，孔子还率领着一众弟子，花了 14 年的时间周游列国，希望找到一个能接纳他以礼治国理念的诸侯国。然而，孔子最后还是没能成功，等到返回鲁国的时候，他已经是 69 岁的老人。即便如此，他也没有就此止步：一方面他积极开办学堂，培养后代；另一方面，他整理"六经"，致力于弘扬儒家思想。

在孔子的儒家主张里最凸显的就是与礼有关的内容，诸如"克己复礼""礼不下庶民""非礼勿视"等，他竭力让周朝的礼治制度焕发新的活力。行礼在周朝年间很普及，早已形成一套完善的礼制，而在孔子的努力下，礼制进一步发展，上升为礼治或礼教的层面，换言之，就是以礼为手段，实现统治和教化的目的。"亲亲、尊尊、长长"和男女有别是礼最根本的内涵。

人与人之间的关系不同，需要遵从的礼数也不同，守礼就意味着从不僭越。归根究底，礼治其实是统治者为了维护统治而设立的一系列封建等级秩序，目的是对老百姓进行教化，让他们懂分寸、守本分、遵循规矩。谈到礼的同时，孔子还经常谈到乐，也就是音乐。每当有人办丧事的时候，人们就按照风俗吹吹打打地来上一遍，这就是哀乐的由来。礼和乐是相辅相成的，前者是教化百姓，让他们懂秩序、守规矩，后者是作为一种软化人心的辅助手段，让人们接受和认可礼的教化，以音乐为媒介让处于不同阶层的人们从中获得情感上的共鸣，实现人际关系上的妥协与中和。

由此可见，所谓的礼是用来区分等级、划分贵贱的，而所谓的乐则是用来协调不同等级的人们之间的矛盾的。礼与乐起到了不同的教化作用，前者让人们要懂得尊重，后者让人们要懂得亲爱，可见，乐是服务于礼的。

与礼乐并列的是仁义，正所谓"仁者，爱人"，其中的"仁"就是做人、爱人的意思。在孔子看来，做人最基本的准则就是爱人。他说，"克己复礼为仁"，也就是说，人之为人，要懂得克制欲望，让言行举止合乎周礼。由此可见，孔子所强调的仁是对礼的进一步诠释，其目的就是为了教化人们遵循并维护周礼。

孔子还谈到"义者宜也"，这里的"义"指的是正义、适宜的意思，指的是爱是有区别的，忠是对君主的爱，孝是对父母的爱，悌是对兄长的爱，诸如此类。按照亲疏贵贱、男女长幼等人与人之间的差别，爱与同情心也有种种不同的表现，而这些爱与礼是相对应的。这也就不奇怪在中国，亲戚之间为何会有这么多繁杂的称呼了。

《礼记》里还谈到了礼乐仁义之间的关系，即"仁近于乐，义近于礼"，也就是对外应该讲究礼乐，而对内应该讲究仁义。儒家阶层以孔子等人为典型代表，他们既不是一呼百应的统治阶层，亦不是最下层的平头百姓，而是处于不上不下的中间位置。这样一来，儒者最适宜的处世哲学就是中庸了。孔子谈到的"不偏不倚""过犹不及"等都是中庸思想，并认为中庸才是道德的最高准则，在社会上已经是稀罕之物。

第二章 | 幸福是一种心理感受：

哲学这样看幸福

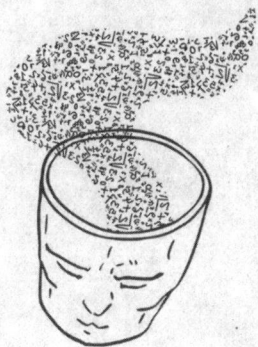

001

苏格拉底：关注现实，才能幸福

苏格拉底经常出现在公共场合，清晨的时候，他尤其喜欢在公共场合锻炼身体。一大早，在闹市的人们总是能看见他。别的时候，他也经常出没于人多的各种场合，在那里发表演讲，人们只要有兴趣就可以随意听。

然而，人们几乎没听过苏格拉底就事物的本质进行过任何辩论，苏格拉底在这方面与其他哲学家截然不同。一般来说，哲学家热衷于探讨宇宙的起源是什么？宇宙中的万事万物按照怎样的规律形成的？宇宙是否是永恒的、不生不灭的？宇宙最终又会走向哪种结局？对于这些深奥的问题，苏格拉底总是避而不谈，他认为这是一些蠢问题，探讨这些问题毫无意义。

他经常问那些哲学家："你们为何研究这类问题呢？究竟是因为你们已经足够了解这些有关人类的事物，还是因为你们已经放弃了研究与人类相关的事物，转而研究更浩瀚的宇宙中的事物，还认为这是正确的选择呢？"接着，他又问道："你们这些人一心研究天上的事物，是否发现事物根据某些规律展开活动，并由此产生了风云雨雪以及各种时令气候，还是说你们根本不抱任何希望，只是满足于了解这些事物的源起呢？"

通过苏格拉底的这番话，我们可以发现，他对古希腊哲学是很不满的，我们甚至可以将这番话理解为他对古希腊哲学的一种批判。而他自己始终只关注与人类有关的各种问题，用他自己的话来说，就是"有关人类幸福的事"。

他总是在思考，哪些事物是正确的，哪些又是错误的；哪些是全面的，哪些是片面的；哪些是公正的，哪些是偏颇的；哪些是正义的，哪些是邪恶的；哪些是勇敢的，哪些是懦弱的；哪些是政治家或哲学家应该担负的责任，哪样的政府才是为国为民的，诸如此类。在他看来，只有对这些问题进行过深入思考的人才能获得民众的尊重，如若不然，他们不过只比奴隶强了一星半点。我们从中不难发现，比起同一时代的其他哲学家，苏格拉底更务实。他只探讨有关人类幸福的问题，这已经比其他哲学家高明许多了。

正如我们所知，古希腊哲学是西方哲学史的发端。那么，苏格拉底之前的那些哲学家又在忙着做什么呢？借用苏格拉底的话来说，他们致力于探讨"天上的诸多事情"，也就是有关宇宙或万物的起源，然而，探讨的深度也只是停留在"说说罢了"的层面。苏格拉底明智地避开了这个话题，在他看来，关于该话题的观点永远难以论证，只会让人们陷入更虚无缥缈的状态里。不如着眼眼前，主要处理人类的事务。

同一时代的哲学家对苏格拉底的这一观点嗤之以鼻。一直到死，苏格拉底都被雅典当时的当权者——伯里克里斯指摘为一个妖言惑众的伪哲学家。然而，历史总是能还人以清白，如今，我们可以直言不讳地说苏格拉底是人类社会学的创始者，正是在他的努力下，人类社会学才应运而生。

世界上最了解幸福真谛的也许就是苏格拉底，在他看来，人们幸福与否，主要取决于他们是否生活在一个让人身心愉悦的环境里，以及他是否具备享有幸福的能力，比如正值、勇敢、坚强、智慧等，若其不然，一个人永远难以抵达幸福的彼岸。

有的哲学家总是竭尽所能让这个世界更明确，让人们对周遭事物更有把握。然而，事实上，他们不仅没弄清楚这个世界，反而还混淆视听。他们总是尝试着解答那些也许根本没有答案的问题，或是那些无关于幸福的问题，这样一来，他们自己也永远得不到幸福，也不可能带给其他人幸福。正如苏格拉底所说，"如果人不愿意生活在现实里，而执迷于追求其他虚无缥缈的事物，那么，他就会与现实渐行渐远，也与现实中的幸福渐行渐远。"

002

苏格拉底：需求越少，就越幸福

在大多数人看来，奢华度日才算真正幸福的生活，因此，烦恼总是如影随形。当无穷无尽的物质集聚在一起，人们的欲望仍得不到满足，于是，人们日复一日地陷入内心的无底洞里。数千年前，苏格拉底与安提丰展开了一段对话，他苦口婆心地劝告世人，只有放下虚荣之心，正确定位生活目标，尽可能地克制内心欲望，才更容易获得幸福。

有一次，安提丰竭力想让与苏格拉底交好的那些人都离开他，就在他们面前跟苏格拉底说道："苏格拉底，在我看来，研究幸福的哲人应该比其他人更幸福，但是，你从哲学中却收获了截然相反的果实。你过着清贫的生活，甚至连奴隶都不愿与你一同生活。你的饮食或着装都粗劣不堪，甚至连鞋子都不穿。金钱能让人快乐，你却一贫如洗；金钱能让人过上舒适惬意的生活，你却分文不取。你努力传授给你的弟子各种知识，希望他们效仿你，但是，倘若那些与你交好的人都纷纷效仿你，他们岂不是也会如你一般不幸？这样看来，你或许就是一个传播着不幸的人吧？"

苏格拉底回答道："安提丰，你认为我的生活这样不幸，那么，你应该无论如何都不愿意像我这样生活。我生活中究竟有什么事情让你如此不快呢？是不是别人讲授知识的同时获得酬金，我却没有，我就没有向他人讲授的权利呢？是不是我的一日三餐不像你那般丰盛、营养、健康，你认为不好呢？然而，食物是否可口并不是因为调味品，而是因为人们青睐不同口味的食物。对于懂得欣赏食物的人来说，他们甚至不需要调味品。那么，为何我向来赤脚走路，春夏秋冬都穿着一样的衣服呢？这是因为我不像其他人那样，我能忍受不同的天气，也能忍受光脚走路的疼痛。人们天生的体质都很脆弱，然而，经过后天的锻炼会逐渐强壮起来，比起那些忽略锻炼的人，我更能经受住考验。我不愿意沦为任何欲望的奴隶，这样一来，我锻炼了自己，还从中获得愉悦，最幸福的事也莫过于此吧。"

接着，苏格拉底又说道："那些一事无成并自知的人感受不到快乐，那些事业正朝着预期的方向发展的人会更快乐一些。然而，这些愿望得以满足而感受到的快乐是否比拥有越来越多良师益友更让人快乐呢？你再想想，一旦城邦或朋友需要帮助，究竟哪一种人能提供更有力的帮助呢？是我这种人，还是你这种人呢？一旦城邦有事故发生，究竟哪一种人会奋不顾身，投入沙场呢？是像我这种粗茶淡饭、随遇而安的人，还是你这种离开了珍馐美味就活不下去的人呢？如果城邦被包围了，究竟哪种人更容易屈服呢？是像我这种易于满足的人，还是像你这种奢靡度日的人呢？安提丰，你以奢华与否作为评判幸福的标准，然而，在我看来，人的需求越少，就越幸福。"

由上文苏格拉底与安提丰之间的对话，我们就可以得知，在苏格拉底看来，需求越少的人越容易获得幸福。那些不幸福的人对幸福往往缺乏感知能力，不能领悟幸福的内涵。他们习惯于为幸福设定一个抽象的高度，但凡达不到这个高度，他们就认为这是不幸福的。每个人都在欲望与不满的泥潭里挣扎着，最终在郁郁寡欢中结束一生。然而，正如苏格拉底所说，幸福绝不是客观存的，而要用内心感知。如果对现实生活感到满足，就会幸福，这时候，幸福也就真正降临。如果每天被欲望驱使着，那么，他就永远不会察觉近在咫尺的幸福，也就永远不会幸福。

有一次，一些朋友去苏格拉底家里吃饭。家中饭菜简陋，他的妻子羞愧难当。苏格拉底却说："你别担心，如果他们有智慧，他们就会用心感受；如果他们没有智慧，那么，我们何必庸人自扰？"在苏格拉底看来，不饥饿的时候，哪怕吃珍馐美味也体会不到其中的鲜美，当饥饿的时候，粗茶淡饭也是至上的美味。因此，苏格拉底在生活中奉行的原则就是"不饿的时候就不吃，不渴的时候就不喝"，这样一来，无论哪一种饮料都能甘之如饴，无论哪种食物都能大快朵颐，任何调味品都比不上食欲。苏格拉底选择了过着在世人眼里最差的生活：从来都不穿鞋，严寒的冬天里还穿着短衫，住着最简陋的房屋，吃着最廉价的食物。但是，在他眼里，这一切都足够了，他将自己的需求降到最低，从最少的需求中获得最大的满足。于是，他时时刻刻都处于幸福之中。

003

亚里士多德：幸福是适中的生活

亚里士多德在《尼各马可伦理学》一书中写道："幸福存在于闲暇中，我们为了闲暇而忙碌，为了和平而战斗。"关于亚里士多德的这个观点，我相信很多人会表示认同，诚然，幸福确实是人生的目的。但是，恐怕很少有人可以对"幸福是什么"这个问题做出确切的回答。那么，我们不妨听听亚里士多德有关幸福的观点，也许能从中获益呢？

在亚里士多德看来，就外在形式而言，幸福的生活其实就是一种适中的生活。人的行为可以划分为三个状态，即过度、适中、不及。无论是过度，还是不及，都是于人生无益的，都不能让人幸福地生活下去。真正的勇敢都是适中的，一旦勇敢超过了某个限度就成为莽撞，而一旦不够勇敢又沦为了懦弱；而放纵与冷漠的两极之间，克制是最适中的状态。可见，只有处于适中状态的生活才是符合德行的，换言之，符合德行的生活才能称其为幸福的生活。

然而，适中究竟指的是什么呢？就理论层面而言，适中指的就是在合适的时间和地点，面对合适的对象，以合适的方式来做合适的事情。如果一个人能圆满地处理以上诸多要素，那就是真正的适中，也就完美地符合德行了。拥有这般天资的人能避免过度与不及两种极端，过着一种舒适的适中生活。

然而，这个适中的度在现实生活中却也是最难把握的，因为所谓的适中也不能进行量化，而是随时随地都处于变化之中的。人们不可能遵循某个固定的、僵化的模式去把握它。也许，这种做法在此情境下做是正确的，但是在彼情境下做却是错误的。事与愿违乃是人们生活之常态，人们在具体实施某件事情前，可能都认为这么做是适合的；然而，事实却并非如此，人们经常在并不合适的时间与地点，面对着并不合适的对象，做了不合适的事情。因此，要获得幸福的生活，我们就应该慢慢体会和琢磨所谓的适中究竟是什么。

亚里士多德又指出，就内在方面而言，幸福其实是自足，也就是无所欠缺。这并不是说一个人想要什么就能拥有什么，才是幸福。也许有的人认为，自己拥有巨额财富，幸福就是如此，然而，这绝非幸福的本性。所谓真正的幸福是自足的，也就是说除了诉诸幸福这种活动之外，人们不作贪求，并且不以任何别的事物或人等外在因素作为实现幸福的前提条件；相反地，如果以物质财富等外在因素作为实现幸福的前提条件，那么，这种幸福就是不真实、不自足的。倘若幸福以任何外在事物为前提，这就意味着人们得到了该事物就获得了幸福，失去了该事物就失去了幸福，这样的幸福是完全不确定的。人若被外物所束缚，就会失去自由，也更别提幸福了。因此，真正自足的幸福就是不求诸外物。

因此，亚里士多德所说的"幸福存在于闲暇中"，也就是幸福存在于自由中。当一个人不求诸外物时，他的心灵是闲暇的，也是自由自在的。他的一举一动、一言一行全发乎本心，为了自己而活。

接着，亚里士多德又指出，"诸多幸福之中，思辨是最高等级的幸福"。也就是说，唯有思辨活动才与幸福的本性完全契合。这是因为思辨活动从头至尾都是自足的，它只为了个体的自身而存在，从不依赖于别人。更何况，这种源自思辨活动的快乐是最持久、最稳定的，它不像任何其他形式的快乐，外部环境一旦变化了，也会随之变化。而思辨是稳定不变的，除了思辨活动之外，思辨者不存在其他需求。这种哲学性的思辨是最持久、最纯净的，而思辨者也能从中获得最持久而纯净的快乐。

亚里士多德对哲学满怀着热爱，因此，从哲学的角度思考了幸福的内涵。也许，我们未必能体会思辨的快乐，但他关于幸福的思考告诉了人们，自由其实才是幸福一般性的条件。幸福的前提无关乎其他，唯有自由。不论在我们看来幸福究竟是什么，不同的人对于幸福有何不同的见解，这个前提条件却是永恒存在的：先拥有自由，才拥有幸福。

004

亚里士多德：幸福，是人类的终点

　　说起幸福，它几乎是人类一切活动的最终目的。那么，幸福究竟是什么？

　　在古希腊时期，人们对幸福持有两种对立的观点：有的人认为，只要在财富、权势、地位等物质方面获得了满足，就拥有了真正的幸福人生；还有的人则对这些物质欲望充满鄙夷，主张人们完全忘掉它们，过那种苦行僧一般的修道生活，摆脱所有欲望，精神上才能获得最终的解脱，才能拥有真正的幸福。

　　然而，亚里士多德并不赞同这两种观点。在他看来，前者过于追求物质欲望，后者则矫枉过正。他指出，幸福的本质就是善行。一个生命不断成熟与完善的过程就是善行。对于一个小孩来说，他并不拥有真正的幸福，因为他能力有限，难以从事那些完善的活动。然而，仅仅付诸良好的行动并不是幸福，充足的物质基础也不可或缺，换言之，良好的出身、较好的容貌、顺遂的命运、三五个良师益友，都会为一段幸福人生加分。然而，就幸福来说，任何外部的物质上的善行都是消极的。比如说，当一个有德行的人遭遇极端不幸，这虽然妨碍了他的幸福，但他并不会因此而沮丧。

　　然而，对于品德高尚的人来说，在他短暂的一生里，哪怕是遭遇厄运的时候，也总能收获幸福。在苦难当中，高贵的灵魂饱受磨炼，再也感受不到痛苦，这本身就是一种幸福。换言之，有时候，人们可以通过放弃幸福而最终得到它。另外，以善行作为自己行事准则的人绝不会被人们视为是不幸的，因为这类人永远不会"做任何卑鄙无耻之事"。按照亚里士多德的观点，唯有始终遵循善的准则行事，一生都享有充足的健康、财富与友谊的人，才能称之为完完全全幸福的人。

在亚里士多德看来，在短暂的一生里，人们最终的目的就是让每个个体在情感和理智上都能得到安顿，这是永恒的目的。也就是说，当人们处于不健全的状态下，总是寻求某种补偿，比如在生病时视健康为幸福，在贫穷时视财富为幸福，幸福正是由这些自给自足的目的构成的。

此外，亚里士多德还认为，无论一个人是否有教养，至善于他而言都是幸福。因此，倘若所有行为都以某个共同目的为指导，就是要竭力在实践中追求善；倘若以多个目的为指导，那么，多个目的汇聚在一起，就构成了善。虽然有很多种目的，但是，我们只能通过别的渠道选择其中的一种。毋庸置疑，并不是所有目的都是最终的那一个，唯有至善才是完满的、终极的。

接着，亚里士多德提出了一个区分善的客观标准，即"自为的"和"为它的"。在他看来，虽然有的善本身也是目的，但并不是最终目的，它同样以其他目的作为目的。比如说，有的人忙着追求财富和荣誉，然而，他并不将财富和荣誉视为人生的最终目的。那么，为何他们还要苦苦追求这些东西呢？因为他们一旦拥有了财富和荣誉，之后的人生才能享受幸福。因此，在亚里士多德观念里，财富和荣誉只是"为它的"，还远远不是"自为的"最终目的。唯有幸福才是最终目的，也是"自为的"目的。

005

罗素：任何快乐都值得珍视

在哲学发展的早期阶段，致力于探索物理世界的各种问题以及人性的内在原理。但是，随着科学不断发展，这些领域都可以通过科学手段得到合理的解释了，那么，哲学又该做什么呢？对于这一问题，罗素给出了自己的回答："这多多少少取决于你处理问题的方式。"

罗素被人们誉为"世纪的智者"，他在哲学、天文、逻辑学、数学、文学、教育等诸多领域展开了大胆的探索，堪称 20 世纪最具影响力的思想大师，而他的思想也为后世读者所广泛接受。

罗素活了 98 个年头，他以极大的热情投入到与人类命运及人类社会息息相关的研究领域中。他著作等身，一共出版了 70 余部书和小册子，展现了庞杂而自成一派的思想体系。罗素对数学基础和数学逻辑有着极高明的见解，是历史上第一位为逻辑实证主义发声的思想家，也是逻辑原子主义的创始人。著名的罗素悖论就是以他的名字命名的，这个理论对 20 世纪的数学基础产生了非凡的影响，第三次数学革命由此展开。

罗素一生崇尚人道主义，在他看来，哲学的意义就是帮助人们获得身心上的快乐与和谐，享受人生的幸福与自由。他在《自由之路》一书里写道："无论哪一种快乐，只要他不会危及他人，就值得珍视。"因此，他也认为性欲是人类的一种本能，人们不必过分克制自己的性欲。

罗素试图让人们知道，幸福并不是悬挂在枝头的成熟果实，只要时机到了就会轻松地落入嘴里，幸福其实是人生的一种追求。在他看来，人之所以不幸福，主要是因为两方面的原因造成的：第一，不合理的社会制度；第二，个人不健康、不完善的心理状态。在此基础上，他进一步提出了相应的解决办法：第一，人们要努力改造社会，推动人类过上更幸福的生活；第二，要尽可能地认识到不健康的心理状态对生活造成的危害，并了解这种心理产生的原因和形成的过程，致力于塑造健康而完善的心灵，在安宁与幸福中度过一生。

通过对周遭人与事的细致观察，罗素发现，有的人过分地沉浸在与他人的竞争中，并很享受成功带来的喜悦，视其为人生最主要的快乐之源。然而，罗素认为，成功是组成快乐的一小部分，如果为了获得成功带来的这一小部分快乐而牺牲了其他的快乐，付出的代价实在是太高昂了。有的人将竞争看成了生活的主旋律，他们的生活太执着，也太残酷。长期沉迷于竞争之中，紧张的肌肉与坚硬的意志都会一点点损耗人的幸福感。应对的办法就是努力让生活的各方面保持平衡，不拒绝宁静而健全地享受当下的每一刻。

在罗素看来，真正的聪明人总是懂得在条件许可的范围内尽可能地享受快乐。他指出，生活中能给人带来快乐的事物很多，诸如爱情、友谊、工作、家庭、性爱、个人兴趣等，都是快乐的源头。对于任何个体而言，有越多的东西能唤起他的热情，他就有越多的机会获得快乐，越不容易受制于命运，也就越容易战胜种种不幸。

罗素早就在自己的著作里一点点地渗透着他的快乐哲学，努力地告诫着后人："渴望生之欢愉，追求生之快乐，这是人的天性，亦是人的权利。"因此，何不以正当地享受人生快乐为目标，大步向前迈进。

006

塞涅卡：服从命运，才能拥有幸福

塞涅卡生于公元前 2 年，是古罗马时期著名的哲学家、作家。他自幼体弱多病，从小患有哮喘病，很多次觉得不堪重负甚至想结束自己的生命。但是，他又心怀悲悯，担心父亲难以承受丧子之痛，而最终放弃了自杀的念头。成年后，塞涅卡进入政坛，在元老院担任元老，后因故被判处死刑，最终又被幸运地赦免。尼禄是当时出了名的暴君，他是尼禄的老师和顾问。后来，尼禄被人谋杀，有人控告塞涅卡也参与了谋杀行动，最终被判处自杀。

塞涅卡的哲学思想致力于劝告世人要过一种清心寡欲的生活，而他本人却言行不一致，富可敌国，奢华度日。当时有人抨击他，说他的思想与言行并不相符。而他反驳说，我的思想是劝诫人们应当以怎样的方式生活，而不是描述我是怎样生活的；如果我能够，我也会以最正确的方式去生活。也就是说，塞涅卡认为他的哲学思想是试图探讨一种理想的生活方式，但这种理想化的生活模式在现实世界里未必能实现。

到了晚年，塞涅卡以书信的形式写了一本名为《道德书简》的书，书中主要对人生和德性进行了探讨。全书包括 124 封书信，都是写给他一个名为吕西里的年轻朋友的。这本书行文流畅，文辞优雅，态度亲切，就好像在夜深人静之时一个挚友与你轻声倾诉着最真挚的情感，字里行间流露着一个老者的稳重与智慧。

塞涅卡在《道德书简》里提出，人们只有服从命运，才能拥有幸福。

他认为，整个宇宙以必然性为基础，这是不可抗拒、不可扭转的。宇宙的规律支配着自然界，也支配着人类社会及其精神生活。而必然性正是这种规律的本质。宇宙是一个整体，处于规律的普遍统治之下，因此，万事万物才井井有条。作为宇宙的一个部分，人也不可能摆脱这种必然性的束缚。必然性有着巨大的力量，远远凌驾于人类之上，是人类无法掌控的。

既然如此，人类征服命运的唯一途径就是服从它，这是因为命运的力量不会屈服于任何人。每个人的命运中都可以捕捉到这种必然性的影子：倘若服从于命运，痛苦也许会减少分毫；倘若不服从于命运，后果只会更加糟糕。正如塞涅卡所说的，"服从的人，命运领着走；不服从的人，命运拖着走"。显而易见，领着走与拖着走恐怕是两番滋味。那么，为何要服从命运呢？原因还在于命运是不可捉摸、变幻莫测的。只有真正服从命运的人，才能保持内心的宁静，而不甚在意自己当前的处境。

想要拥有幸福，还要打消对死亡的顾虑。一个终日因为死亡而惶惶不安的人是不可能感受到幸福的。那么，如何消除对死亡的恐惧呢？塞涅卡也提出了自己的看法：第一，在死亡来临之前，要反复预习死亡。当人们为死亡而惶恐时，死亡往往没有真正降临，这时不妨设想，如果死亡真的降临到了自己头上，会是怎样一番场景？只有事先预习并体会了死亡的滋味，当死亡真的降临时，因为心理层面上早就感受过一次死亡了，就不会那么恐惧了。第二，人们非但不应该害怕死亡，还应该随时随地等待着死亡降临，因为死亡有其随机性，我们只能选择被动地等待。既然我们已经在心理上接受了死亡终将到来的事实，等它真的到来时也就不再那么恐惧了。

007

叔本华：快乐是短暂的，痛苦是永恒的

西方理性主义文化以发展科技为主要特征，一方面它极大地促进了社会进步，另一方面也产生了巨大的负面效应。在这种巨大的负面效应的影响下，一种新思潮应运而生并极大地冲击着现代西方文化，即非理性主义思潮。反对科学是非理性主义的最大特征，它贬低人的理性，而致力于抬高本能、意志、直觉等人的非理性成分，还将其视为人的本质。

阿图尔·叔本华从小就受到印度佛教的影响，在他看来，生命乃至全世界的本质是意志。事实上，他所说的意志就是来自生命的欲望和冲动。后世也将叔本华的相关理论称为生命意志论。

叔本华说："人们生就像一幅画卷，飘忽不定。在它无穷无尽的画幅上，意志的笔墨犹如游戏一般随意书写着。在时间和空间上，画像得以短暂停留，经过近乎零的片刻，就被轻易抹去，为的是给新的画像腾出空间……"

"人生就如同钟表器械，上好了发条，就向前走，而不知道为什么要走。每当一个人降生到人间，这就是一块'人生的钟表'又上好了发条。"

这一个个比喻生动之余，更让人觉得恐怖，在叔本华看来，人生是痛苦的深渊。他认为，比起《天堂篇》，但丁的《炼狱篇》更真实、更可信，这正是因为但丁笔下炼狱种种惨象其实是对人生种种苦难的真实写照。叔本华认为，痛苦乃生命意志的根本，而生命意志的现象愈是趋于完善，生命所承受的痛苦就愈沉重，比如，植物没有痛的感觉，低等动物有微弱的痛感，高等动物则有强烈的痛感。

叔本华认为，人生就像一个不停摇摆着的钟摆，一端是无聊，另一端是痛苦。如果人们的欲望没有被满足，就会产生痛苦、焦灼等情绪；而人们的欲望被满足了，无聊也就随之而来，觉得之前盼望的种种也不过如此。百无聊赖之中的人们，又会有新的欲望产生，渴望着新的外部刺激，如此往复，在痛苦与无聊之中过着日复一日的钟摆生活。

那么，为什么叔本华说痛苦是人生的本质呢？或者说，痛苦为什么是人们注定的命运，无法摆脱呢？究其根本，人的欲望是与生俱来的，当意志欲望被客观化后，就成为人这种表现形式。正如叔本华说的，"作为宇宙本体的意志，它总是处于无尽的挣扎中，挣扎乃是它唯一的本质。只有在外部力量的阻碍下，才能短暂地停止。瞧瞧！自然的重力就是这样，它一个劲儿地朝着某个无限广袤的中心挤去，固态的物体向着液态的物体挣扎着，液态的物体向着气态的物体挣扎着。再看看，生物界四处流行着丛林法则，每时每刻都上演着你死我活的战斗"。

那么，人类呢？在叔本华看来，人类本身就是成百上千种欲望的集合体，带着各种各样的欲求，人类存活在这个世界上，自己是唯一的依靠。在一切的迷茫和未知中，只有个体的需求和缺憾是肯定的。由此可见，漫长的人生都处于这种沉重而捉襟见肘的需求的桎梏下，人们为了维持起码的生存而忧心忡忡。除此之外，第二种需求也与这种忧虑密切联系着，那就是延续种族的需求。同时，来自四面八方的危机也时刻威胁着人类，他必须时刻小心翼翼，胆战心惊地走在人生的坎途上。

叔本华认为，人生就是无涯苦海上的一叶扁舟，在无穷无尽的欲望的鼓动下踽踽前行。在他看来，人的欲求受到外部阻力，就是痛苦；而人的欲求获得短暂的满足，就是幸福。航行在人生的苦海中，偶尔也能享受到片刻的宁静，获得他渴望已久的片刻幸福。然而，这不过是慢慢痛苦偶尔的间歇期，痛苦绝不会就此消失。在两个痛苦之间，真实的幸福绝不会将人类的心灵充实。相反，无聊与孤寂早在一旁窥探已久，肯定会在这个短暂的间歇乘虚而入。

008

蒙田：幸福意味着自我满足

　　文艺复兴时期是思维的活力与生命力集中爆发的时代，同一时代涌现了大批思想家、文学家和哲学家。在这群星璀璨之中，蒙田绝对是最具个人特色的一颗。他是文学家，但是他既不写剧本，也不写小说，每每凭借着极具个人风格的散文而在文学界为人们所熟知。同时，他还顶着思想家的名头，但他既不注重理论素养，也从不写理论方面的文章，仍然靠着极富个人风格的散文而闻名。

　　与同一时代的其他思想家不同，蒙田并不具有旗帜鲜明的理论风范，他最关心的是那些与自己的日常生活息息相关的寻常小事，他以人的需求、感受、希望等为根本立足点，观察和思考那些他感兴趣的事物，有时候他甚至摆脱全体人类的框架束缚，而只是专注地站在他个人的角度展开思考。在他看来，思考的意义在于思考本身，无关乎最终结论的对错与否，他甚至根本不在乎最终有没有结论。在蒙田看来，我照着我所看到的写出来了，我又把我写的拿来给各位看了。乃至于看客同意与否，他毫不关心。

　　在蒙田所处的那个时代里，神的地位越来越被忽视，人的地位越来越被彰显。在那个时代里，人与神之间的关系发生着天翻地覆的变化。蒙田的人文思想并不是致力于批判神，他从未试图将在过去的岁月里高高在上的神拉下来，而是他从来就对神的种种毫不重视。作为一个人文主义者，他从来不希望通过战斗获胜。他所采取的手段最终可以归纳为一种，那就是关心人。

蒙田不失为那个时代真正的智者，他满怀着对生活的热情和生命力，并十分崇尚享乐。正如他所说："一个人若能正当地去享受他的存在，他绝对是近乎完善的神圣的人。"非但如此，他还全然无视传统权威，指出人不是为别人而活着，而是为自己而活着。他说："我们为他人活得够久了，那么，至少让我们在余生的日子里为自己而活。世界上最伟大的事情不就是学着如何皈依自己吗？"

"我知道什么"是蒙田一生中最推崇的一句话。他甚至按照当时流行的方式，找了一枚勋章，把这句话铸在了上面，同时还将一只天平铸在了勋章的另一面上，用一种生动而形象的方式表现这句话。

蒙田的怀疑主义对后世影响深远，他把怀疑的矛头对准了中世纪经院哲学这一传统观念。在他看来，中世纪经院哲学琐碎不堪，毫无价值，并犀利地指出其中自相矛盾的内容，批评它们毫无生气。他主张的怀疑主义另辟蹊径，最先从自己而非他人谈起，反复发问"我知道什么"。正因为我不知道什么，所以，我才会怀疑。我怀疑，是因为我想知道自己所知道的东西正确与否，通过一系列的怀疑达到批判的目的，从而回归到人性本身。

蒙田认为，人就是整个世界上最复杂的研究对象。人的复杂表现为两方面，其一是人作为一个群体本身就是复杂的；其二是人的个体的性质也极具复杂性。可见，蒙田一方面是基于人文主义的思想对周遭的事物展开观察，另一方面是用怀疑主义对周遭的事物进行审视。当这两点融合在一起的时候，就完整地呈现了蒙田的思想。

009

彼特拉克：我只要求凡人的幸福

　　弗兰奇斯科·彼特拉克是文艺复兴时期人文主义的先驱人物和杰出诗人，他出生在意大利佛罗伦萨的一个贵族家庭，他的父亲是白党成员，也是但丁的好朋友，与但丁一起遭到黑党的放逐。在父亲流放期间，彼特拉克出生，他从小与父亲一同在法国南部的阿维农城生活，长大以后开始学习法律，在欧洲列国周游，四处搜集各种文物，悉心研读古罗马的经典著作。有很长一段时间里，他在寺院里潜心抄写古代遗留下来的稿本，受到希腊、古罗马文化的熏陶。他深深地热爱着古典文化，毅然放弃了律师职业，开始投身于拉丁语和通俗语文学作品的创作中，掀起了古典文化与中世纪经院哲学对抗的浪潮，他的名望也如初升的太阳。

　　1343 年，彼特拉克的兄长盖拉多决定将世间的浮华抛之脑后，投身于为上帝效劳的崇高且神圣的事业中。彼特拉克得知后，陷入了纷扰的情绪中，难以消遣，他既想追随兄长远离世俗生活，却又没有勇气彻底抛开功名与情爱。1348 年，彼特拉克的挚友劳拉的死讯传来，他悲痛欲绝，抛开一切，开始了长期的流浪生涯。

　　彼特拉克在古罗马文化方面颇有造诣，用人文主义思想对其进行重新诠释，他认为古代文化与中世纪文化有本质上的区别，前者是先人智慧的结晶，展现了实实在在的生活，后者是宗教神学人为的虚伪产物。他将自己对古典文化的深入研究称为人文学，并将自己称为人文学者，因此他也成为历史上第一个人文主义者。

在彼特拉克看来，与人有关的问题才是哲学应该关心的首要对象。他首先向说服人们思想的罗马教廷发出挑战，直指经院哲学，用人学来反抗神学，对基督教宣扬的禁欲主义和原罪思想展开批驳，认为人的一生应该致力于追求现世的幸福与爱情。他振臂高呼："我不愿成为上帝，也不愿拥天地入怀，居住于永恒里……我是凡人，我只要求凡人的幸福。"

他在《歌集》中高歌大自然的美好和爱情的纯真，真切地展现了人文主义者对生命个体的关怀，也展现了与宗教神学思想分庭抗礼的胆量与气魄。他呼吁人们实现个人价值，追求事业上的辉煌，不能在平庸和虚无中度日。他说道："我认为，人们在人世间的荣光与追求都是合理的……作为凡人，应该关心凡间的事物。"他渴望在创造上获得更大的荣耀，形象地将自己比喻成在百花之中辛勤采蜜的蜜蜂，他不辞劳苦，只为给世人酿造出馥郁芬芳的精神"蜜汁"。正如他所说："我希望沿着先人走过的路，继续走下去，但又不愿意总是踩着他人留下的足迹……我喜欢模仿他人留下的东西，但又不愿意只是依葫芦画瓢，哪怕是模仿，也不应该太过。我乐于寻找合我心意的地方一脚踩下去，有时候还会走上前人未曾涉及的道路。"

虽然他把古典文化与中世纪传统对立起来，但是，他也没能彻底摆脱封建宗教传统的束缚，纵观他的作品，多多少少能看见些许经院哲学的痕迹。在他的思想体系中，宗教信仰占据着很重要的位置。他写道："我的心灵始终与基督同在……这颗心灵思考或谈及宗教的时候，在思考或谈及真理、幸福或永恒的灵魂救赎的时候，我是虔诚的基督徒，而不是柏拉图主义者或西塞罗主义者。"他还写道，"为了进行真正严肃的哲学探讨，我们首先必须热爱并崇拜基督"，"要成为真正的哲学家，要先成为真正的基督徒"。

010

薄伽丘：没有来世，幸福在人间

　　乔万尼·薄伽丘是欧洲著名文学家，也是文艺复兴时期的先驱人物。1313 年，他在巴黎出生，是一位佛罗伦萨商人与巴黎女人的私生子。他在 20 多岁时，经常在那不勒斯做生意，与宫廷和贵族骑士频频接触，还与当时的人文主义者很有交情。他热爱古希腊罗马文化，是欧洲第一个熟谙希腊文的人文主义者。他于 1341 年返回佛罗伦萨，参与这座城市愈演愈烈的政治斗争。他坚定地拥戴共和政权，与封建专制战斗。

　　他先后用拉丁文、希腊文进行文学创作，对希腊、罗马古典著作进行专门论述，还公然挑战中世纪的天主教会、禁欲主义，极大地推动了现实主义文化的传播。他一方面与天主教神学关系密切，并不是无神论者；另一方面又是新兴资产阶级的代表人物，极大地振兴了资产阶级文化。薄伽丘从小受到人文主义萌芽思想的熏陶，这一点在他的文学作品里有直观体现，尤其是其代表作《十日谈》。他创作《十日谈》的那个年代，封建专制思想仍占据着主流地位，然而，他却不留情面地驳斥这种腐朽、落后的思想。在薄伽丘看来，所有的教会人士"看上去满嘴仁义道德，实际上一肚子男娼女盗"，他毫不留情地揭开了他们虚伪的面纱。他指出，虽然那些教皇、主教、僧侣看上去神圣，实际上"每一个都是寡廉鲜耻，贪财又贪色的恶棍"，以至于"无恶不作，坏到了极点"。他们搬出了禁欲主义作为教条，欺骗信徒行善、吃素、看破红尘，而他们自己却享受着人世间的荒淫与欢愉。

在他看来，这些"圣徒"各种荒诞不经的行径，都是因为教会大力推行愚民政策，民众沦为他们手中的玩偶。虽然薄伽丘是天主教徒，但他对天主教也颇有微词，他犀利地描述道，天主教就像是一座早就被蛀虫蛀空了的大厦，本应该倒下去，却最终仍勉强支撑在那里。对于天主教而言，这是毫不留情的讽刺。就这一点而言，但丁极大地继承了前辈哲人对教会的批驳精神。

此外，薄伽丘还大力倡导平等、友爱的精神，反对阶级分裂和压迫。在他看来，"我们人类生而平等，品德是区分人类贵贱的唯一标准"，"所谓'贵'，就要发挥大才大德，否则就是'贱'"。接着，他还举例说，即使是专门伺候国王的马夫也丝毫不逊于国王。

薄伽丘讲述了不少出身低微却为了追求幸福而不懈努力的人的故事，他们总是依靠自己的聪慧、果敢与毅力战胜了贵族和封建主。《十日谈》中第四天里的第一则故事是绮思梦达的故事，讲的是一位亲王的女儿爱上了一位年轻的侍从，对于等级森严的封建秩序而言，这段爱情本身就是对封建观念的挑战。面对父亲的责骂，绮思梦达毫不退却，她说道："您不妨看看满朝的达官显贵，考量一下他们的言行举止、他们的德行，然后您再看看基斯卡又是怎样的。您若公正地下一个定论，就一定会承认，他才是众人之间最高贵的，而满朝显赫不过是莽夫罢了。"接着，薄伽丘还借女主人公之口提出了自己在政治方面的诉求："为何那些昏庸无能之辈总是能身居高位，而那些英雄豪杰却在草莽间默默度日？"

薄伽丘不遗余力地宣扬人性，反对神性，他呼吁人们不要把现世的希望寄托于来世或天堂，而应该解放个性，追求当下的幸福。在他看来，人才是缔造现实生活的主人，每个人都享有追求理想与幸福的权利。在《十日谈》里，他鲜明地表达了必须让人性从禁欲主义的牢笼中解脱出来的诉求："倘若谁企图阻拦人的天性，那么，不过就是白费心机，到头来会落得头破血流的下场。"他大力倡导人们摆脱神学的桎梏，将个人的情感、思想、智慧解脱出来，拥抱自然，痛快淋漓地享受生活。

薄伽丘呼吁人们着眼现实生活，尤其强调爱情这一主题。他认为，爱情是人之本性的一部分，是不可遏制的。爱情神奇且伟大，是幸福的源泉，它可以鼓舞人，亦可以改变人。但丁对爱情满怀着同情，彼特拉克则赋予爱情抽象的赞美，那么，薄伽丘则是全面而具体地展现了现实生活中爱情的美好，并由此提出"幸福在人间"的哲学观，激励人们在现世里寻求幸福。

011

伊壁鸠鲁：快乐，幸福的起点和终点

伊壁鸠鲁热衷于探讨人生问题，但他将个体生活的社会背景与现实情况淡化，而更加关注对个人生命的安顿，从个体的肉体与灵魂等方面的需求为出发点，为人们规划幸福人生。

事实上，唯有当人们所有的心灵能力都丧失了它们的对象化功能的时候，快乐才能成为人生历程中的最终目标。换言之，只有当人们全然关注自身，为了摆脱烦恼、恐惧、孤寂、忧虑等情感上的缺憾，就势必会追求以快乐作为至上目标的人生观。

伊壁鸠鲁提出了原子论。他在其中指出，世界上不存在任何高于个人的事物，因此，个体也在偌大的宇宙里孤单徘徊。以此为前提，他进一步指出，快乐乃是个人生活的最终目标，是至善的。

在他看来，不需要从理性的角度出发去寻求善的本身，人的主观情感里本来就包含了善。在人类各种复杂的主观情感里，快乐最让人们怡然自得，于是，人们本能地希望避开有碍于快乐的事物。在他眼中，快乐是"天生的、最高的善"，"也是幸福生活的起点与终点"。在他看来，除了快乐之外，再没有第二件事物值得作为人生的终极目标。试想一下，既然理性的外在目标是缺失的，不如求助于最主观的情感。可见，凡是能让人产生快乐感受的事物，对于人们来说就是至善的，否则就是恶的。

他曾明确指出，"情感是判断一切善的标准"，在他的人生理论体系里，情感达到了至高无上的地位，与之相应地，理性自然是遭受贬谪的。短暂易逝的情感是最个别的、最主观的，在讨论人生理论时，将情感这一虚无缥缈的事物作为起点和终点，反映了同一时代对理性的迷茫与不解。理性自身的目的已丧失，它的地位接连下降，沦为快乐这种主观情感的工具。当然，理性的功效并未彻底丧失，它只是为了帮助人们得到快乐。

理性是很好的工具，可以用来比较不同事物带给人们快乐的程度，于是，人们可以从中挑选那些能让自己更快乐的事物。正如伊壁鸠鲁所强调的，随着人们任何行为选择所带来的不可能是全然的快乐，某些痛苦也会随之而来，有时候甚至痛苦远远大于快乐。正因为如此，理性最主要的功能就是帮助人们小心、谨慎地选择。正如他说的："任何一种快乐，它本身都不是坏的。但是，有些事物虽然可以产生快乐，却也会产生远远大于快乐的烦恼。"因此，他主张竭力避开这些事物，因为这与追求个体的快乐的宗旨不符。

伊壁鸠鲁的哲学思想体现了极端的个人主义，作为主观情感的快乐让人们陷入了一个自我的狭小圈子里。对于快乐，他给出了明确的定义：快乐不是肉体上的放荡不羁，而是肉体无痛苦、灵魂无纷扰。然而，这种说法并没能摆脱其理论出发点的狭隘性。

伊壁鸠鲁的人生哲学主张，除了快乐之外，再没别的值得追求的事物，于是，理性的深沉力度也随之丧失，个体生命的庄重与崇高也随之泯灭。人生的终极目标成为追求一己之私的安宁与快乐。

012

伊拉斯谟：幸福来自愚蠢

伊拉斯谟（1466—1536）是荷兰著名思想家，"幸福来自愚蠢"是他提出的一个著名观点。我们这个时代崇尚知识和理性，伊拉斯谟的这个观点似乎让人有些难以接受。但是，如果我们仔细观察一下现实生活，就会发现这个观点有一定的道理。

当时，伊拉斯谟去英国拜访他的好朋友托马斯·莫尔，受好友莫尔名字的启发，最终写成了《愚神颂》一书。他刚刚抵达伦敦就病倒了，在朋友家中休养，闲来无事就开始琢磨朋友的名字。莫尔是个聪明绝顶的家伙，但他却突然发现"莫尔"这个名字的发音与"愚蠢"几乎同音，于是"聪明的人最愚蠢，愚蠢的人最聪明"这一思辨性的观点浮上了他的脑海。他文思泉涌，花了短短一个星期就完成了这本妙趣横生的书。在书中，他借由愚蠢女神之口，对人世间种种虚伪的现象进行了揭露，并对人类理性的局限进行了批判。

在伊拉斯谟看来，理性的生活往往不快乐，唯有放弃理性，才能获得自在。试问众人之中谁才是真正快乐的呢？毫无疑问，快乐的第一类人群一定是儿童。那么，他们为何会快乐呢？究其根源，孩童是无知的、非理性的，这样一来，他们就能无忧无虑地生活。而成年人拥有理性，也逐渐变得冷漠而忧愁，丧失了童年时代的那份风趣与热情。由此可见，理性的生活不可能拥有幸福。第二快乐的人群是老人，衰老让他们逐渐失去了成年人的智慧，人生的各种烦恼也逐渐忘却，生活再次回归本真，变得轻松而愉快。然而，有的老年人仍保留着智慧，他们头脑清醒，一天天数着日子，出于对死亡的恐惧而难以获得安宁。第三快乐的人群是妇女，她们不具备男人般的理性，头脑也简单一些，因此，比起男人，她们要快乐得多。零零星星的礼物或最简单的奉承话都会让妇女感受到快乐。伊拉斯谟认为，以上三种人群看似愚蠢，却都获得了快乐，而较之男性，大部分女性更长寿，也许也是出于这个原因。

愚蠢的人少了一些智慧，却多了一些天真无邪。倘若事事都要瞻前顾后、处心积虑，劳心劳神不说，最后也不一定能获得成功。正如伊拉斯谟说的："无数的人生经验告诉我们：懒人总是有懒福，往往得来全不费工夫。你越是朝思暮想的事，往往未必如愿，纵使如愿也未必是好事。天真少了许多智慧与狡猾，看上去很肤浅，却是一份难得的童心。"

伊拉斯谟认为，愚蠢的人更容易放下执念，随性而为。为什么神话故事里的酒神总是最快活的？这是因为他没有那么多智慧，而是追求感官的满足，他疯疯癫癫，寻欢作乐，在这种任意洒脱的状态下获得了永恒的青春。与之相反，人一旦拥有了理性，就开始爱惜面子，虚伪也随之产生。他开始束手束脚，试图压抑本能的欲望，痛苦也就出现了。

他还指出，婚姻成功也要仰仗于愚蠢。倘若不是因为那些愚蠢的女人，男人们又怎么可能靠着一些小恩小惠或甜言蜜语就把她们哄到手呢？倘若不是因为夫妻二人故意忽略彼此的缺点，一个个小家庭怎么能保持稳定呢？在家庭生活中，那些稀里糊涂的人往往更平静、更幸福，正如伊拉斯谟在《愚神颂》里所写的："整个世界运行着，不过是一场愚人扮演的闹剧，永远不会停止。这场闹剧里，所有的演员都如此疯狂，如此愚蠢。"人类正是依靠诸如虚荣、自以为是、轻信他人这些愚蠢的心理，才能幸福地生活下去。

虚荣让人放下戒心，更愿意去相信他人，女人因此而认为自己是全世界最美丽的人，男人也因此认为自己是全世界最聪明的人。在虚荣心的驱使下，人们天真地认为自己的配偶一旦佩戴上一枚黄金打造的婚戒就会矢志不渝；出于自以为是，每个人都保持着愉悦的心情，觉得自己是全世界最完美的；出于轻信他人，那一个个美丽的谎言逐渐被人们视为真理一般的存在。

《愚神颂》是伊拉斯谟对"愚蠢"的称颂，细细品读一番，就会发现他的主旨是为了倡导人们以一种天真、直率的态度去生活，从而将种种以理性或宗教的名义而出现的虚伪剔除在人们的生活之外。这也就是为何"愚蠢的人最聪明"。

第三章 | 一切皆流，无一静止：

哲学这样看世界

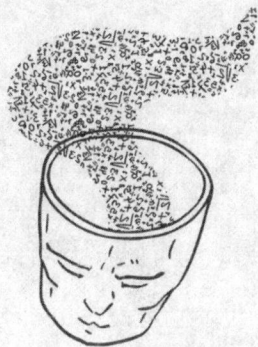

001

泰勒斯：水是万物的本原

哲学是如此复杂，又是如此简单。哲学的初始是一个看似很简单的命题，那就是水是万物之本原。提出这个命题的正是哲学家泰勒斯。

公元前六七世纪，希腊半岛和爱琴海上众多美丽的小岛都处于希腊人的统治之下，此外，还有爱琴海东岸小亚细亚沿岸的一些区域。在那里，有一个城市名为米利都，那里生活着西方第一个哲学家——泰勒斯。

泰勒斯满腹学识，从一件发生在他身上的小事就可见一斑：

泰勒斯对天文学很痴迷。有一次，他的一个朋友嘲笑他，说天文学不能让人变得富有。于是，泰勒斯致力于证明变得富有是一件很容易的事情，他根据天象推测来年会有一个橄榄大丰收的季节。

于是，他回家把所有的积蓄掏了出来，交给米利都及附近城市的各个油坊作为定金，租下了他们的榨油设备。当时还是冬天，是油坊的淡季，租金也很便宜。寒来暑往，夏天很快就到了，那一年橄榄油果然喜获丰收，各家油坊的生意一下子也大有起色。于是，泰勒斯就把自己早早租下的榨油设备以较高的价格转租出去，轻轻松松就大赚了一笔。

不过，泰勒斯的本意并不是为了赚钱，而是想向人们证明哲学家想要发家致富也并不是什么难事，只不过那不是他们的兴趣所在。

那么，泰勒斯最感兴趣的是什么呢？他真正的兴趣在于探索万事万物的本原。在他看来，只有天地万物存在着，包括天文、地理在内的现实知识才能得以存在。比起关于万物本原的根本性知识，现实的知识都是暂时的、表层的。因此，泰勒斯开创了米利都学派，主张不要被万事万物的千变万化所困惑，也不要醉心于丰富多彩的现实知识，而要去探索万物根本的生成与存在。与此同时，泰勒斯对于万物本原的探究并没有求助于任何巫术或神话，而是借助于理性的思考。

泰勒斯并未留下名垂千古的著作，而"水是万物的本原"就是他最著名的叙说。与他同一时代的人们总是习惯于将世界之本原归结于某种超自然力或神灵，泰勒斯却尝试着以"水"这种物质性的事物来解释世界的本原。细究一下，这个命题其实包含了三层含义：其一，水是物质性的，而它也是构成世界的最基本的元素；其二，世间万物统一于水这种元素，它们是普遍联系的；其三，万物来源于水，最终又回归于水，万物只是水变化的形态，唯有水自身才是永恒不变的存在主体。

泰勒斯之所以提出"水是万物的本原"，原因在于他凭借着经验和数据得出了水能滋养万物的结论。亚里士多德在《形而上学》一书中如是写道："他之所以提出这个想法，也许是因为他观察到万事万物都以湿的东西作为养料，热本身就源于湿气，并靠着湿气来维持。此外，万物的种子也天然带有潮湿的本性，而任何潮湿的本性其实都来自水。"亚里士多德还提出，柏拉图等人认为那些生活在远古时代的、最先思考神灵的人，也产生过与此类似的观念。古人以海神夫妇作为创世的父母，并认为水是诸神发誓的见证之物。也许这种说法正是最早出现的有关本体的看法。

倘若世间万物都是水存在的各种形式，那么，适用于水的规律就必然可以用于说明那些正在发生着、变化着的万物。对于人类而言，水并非神秘的东西，它为人们所感知、所熟悉。这也就意味着，人类的思想足以理解宇宙间的万物。泰勒斯所提出的"水是万物的本原"的革命性意义正在于此。

002

阿那克西曼德：万物诞生之源，亦是结束之因

在群星璀璨的思想家之列，阿那克西曼德堪称是相当大胆的一位。他以宏达的思想体系为依托，提出了早期希腊哲学最基本的问题，那就是世界是如何产生的？不仅如此，他还就这个问题给出了颇具启发性的答案。

阿那克西曼德出生于米利都，是泰勒斯最忠诚的追随者，也是其门下最出色的学生。公元前546年，他在64岁的时候带领着一个使节团前往斯巴达，在那里向人们介绍了他的两项伟大的发明——世界地图和日晷。

阿那克西曼德敏锐地察觉到，人类所认知到的一切事物与性质终究都会改变并逝去，因此，他提出了一个大胆的假设，即"无限者"的存在。所谓无限者，指的是宇宙万物产生的一种物质性的本原。这种物质本原不存在固定的性质或形状，没有边际，永生不灭，故而被称为无限者。在无限的基础上，对立的性质被分离出来，即有冷就有热，有干就有湿。在对立物互相作用的基础上，天体与世间万物随之产生。

在阿那克西曼德的哲学体系中，无限物是一种实体，但是，无论是在时间里，还是在空间里，它都没有开始或结束，而是我们所见到的一切物体的来源与命运。就像他所说的："万物由它而产生，毁灭之后，又回归于它，这是万物的必然性；这是因为它们在时间的秩序中不正义，所以受到惩罚，并彼此相互补偿。"在那个遥远的时代，这个概念十分宏观，甚至于他必须，要对人们关于地球的认知进行彻底的修正：地球乃至整个宇宙不仅大小有限，存在的时间也有限，而且只是无限个存在的世界中的一个。

在阿那克西曼德看来，地球自由自在地悬挂在空中，是一个浮动着的圆柱体，而人类就处于这个圆柱体一端的表面上，而我们所处的世界只是无数个世界中的一个。万事万物都遵循着一种自然规律在运行着，元素之间也保持着稳定的平衡。同时，他还创造了一个世界自然系统：世界上存在的水、火、土都有一定的比例，各种元素都试图扩大自身的领土。然而，一种必然性或自然性的规律永远在校正着各元素间的平衡。比如，随着火出现的是灰烬，灰烬又变成土，正是基于这种正义的观念，各种元素永远不能逾越永恒而固定的界限。

早在达尔文之前 23 个世纪，阿那克西曼德其实就已经提出了一种演化论，这也是他最杰出的成就。在他看来，原始的潮湿与温暖不断互动，从而自发地产生了最早的生命形态，一种像树皮一样的外壳包裹着第一批生物，它们安静地栖息于海底。当太阳将湿元素蒸发掉时，活的生物应运而生。因此，万事万物并非如犹太教或基督教所倡导的神学里说的那样，是被诸神创造出来的，而是经过各种元素的演化而得来的，一切生物都诞生于水中。

动物界的演化同样也适用于人，人也是从另一种不同的生物演化而来的。阿那克西曼德认为，包括人在内的所有陆地动物都是从一种类似鱼的祖先逐渐演化而来的。和其他的陆地生物一样，人类也是由那些水里的生物逐渐演化来的，唯一的区别在于人类的婴儿很脆弱，他也由此推测，人类在获得到陆地生存的能力之前，应该也和其他生物一样为海洋所养育。

阿那克西曼德的伟大之处在于，他能跳脱出以人类为中心的思维框架，进行自由地思考。诚然，无论他如何努力，都难以超越他所处的时代。但正因为有了他勇敢的探索，后继者才有了前进路上追随的足迹。因此，我们固然可以觉得这个命题在如今看来有些幼稚可笑，然而，提出这个命题的勇气与创新精神却是跨越时代的。

003

赫拉克利特：一切皆流，无物常住

　　"人不可能两次踏入同一条河流"，因为河水经久不息地流淌着，再次踏入河水之中，已经不再是前一次的水流。正如艾菲斯学派哲学思想的核心观点，"一切皆流，无物常住"，万事万物都处于不断的运动与变化中，生生灭灭。

　　古希腊时期，哲学家赫拉克利特创立了艾菲斯学派。因为赫拉克利特在伊奥尼亚的希腊殖民城邦艾菲斯出生，该学派由此得名。据说，艾菲斯城邦的祭司代代世袭，而赫拉克利特原本是祭司的后裔，但是，他把继承权拱手让给了他的兄长，随后在阿尔忒弥神庙隐居，日日与孩童一起玩耍。其他人围观他、嘲笑他，他嗤之以鼻："这有什么稀奇的？我的生活难道不比参与你们所谓的公民生活更美好吗？"

　　正因为如此，赫拉克利特对他的同胞心怀厌恶，从而醉心于山水之间，靠挖草根、啃树皮度日。这种生活一直持续到他60岁那年，他那时患上了严重的水肿病，不得不离开人迹罕至的山水，返回城邦求医。他被世人称为"晦涩哲人"，直到临死之前，他还不忘与医生打起哑谜，问他们下过一场大雨后，有何办法让大地变干。医生没有弄明白他的意思。于是，他自己跑去晒太阳，在太阳底下暴晒，然而这对他的病情并没有帮助。于是，他又跑进了一顶牛棚，钻入了地上的牛粪堆里，希望借助温暖的牛粪将体内的毒气和湿气都排出去。但是，他第二天就在牛棚里死掉了。

　　赫拉克利特出身贵族，自恃清高，在他看来，"一个最优秀的人抵得上一万人"。因此，他敢于迎战任何传统权威，荷马是当时鼎鼎大名的诗人，但他也丝毫不放在眼里，甚至放言说："应该从赛会场上把荷马驱逐出去，再用鞭子抽他一顿。"

他最知名的一部著作是《论自然》，主要内容分为三个部分，即论宇宙、论政治、论神灵。隐居的那段日子里，他把这本书藏在了阿尔忒弥神庙里，而且他有意把整本书都写得晦涩难懂，其实只是希望行家里手才能读懂自己的作品。然而，他因为这部晦涩的书而收获了巨大的名望。令人遗憾的是，这本书早就失传了，如今只有130多段残篇被保留了下来。

泰勒斯认为水是世界的本原，赫拉克利特则持相反的意见，认为世界的本原应该是火。他写道："世界是一团活的火，它在一定分寸上燃烧着，又在一定分寸上熄灭了。"万事万物都源自火，最终又回归到火的状态。遵循着一种被赫拉克利特称之为"对立的斗争与报复"的原则，这种诞生与回归反反复复，无穷无尽。在他看来。"万物都变成了火，火又变成了万物，正如粮食变成了黄金，而黄金又变成了粮食。"这是一个永不停歇的变化过程，或通过收缩成为了湿气，接着，再次浓缩，成为了水，水最终凝结，成为了土。他把这个过程称为下行之路。这个过程有一个对应的反向过程，土通过液化，变成了水，水经过稀化变成了火，他把这个过程称为对应的上行之路。这两种过程是矛盾的，也是对立统一的，遵循着这种规律，整个世界处于永不停歇的运动之中。

他的著名观点"一切皆流，无物常住"就是基于以上思考得出的，他认为"每一天的太阳都是新的"，"我们存在着，而又并不存在"。赫拉克利特的哲学思想是一种典型的辩证法思想。他创立了艾菲斯学派，也被后人视为古希腊辩证法的创立者。他所倡导的辩证法是自发和朴素的，带着浓厚的循环论色彩，然而，在遥远的古希腊时期，这种质朴的辩证法观点已属难能可贵。

004

亚里士多德：时间、空间与运动

时间与空间存在于我们的生活之中，看似是再简单不过的现象。但是，倘若要问时间与空间究竟为何物，恐怕很少有人能答上来。而亚里士多德则是历史上第一个给出答案的人。

亚里士多德所著的《物理学》是历史上第一本物理学著作，而他本人也是物理学的创始人。虽然《物理学》所涉及的内容与现今的物理学有很大区别，但是就其基本内容而言，依然有着千丝万缕的联系，时间、空间与运动仍然是现代物理学的重要研究对象。《物理学》可以说奠定了物理这门学科最基本的框架，在当时具有划时代的科学意义。当然，如若将其放在如今的视角来考量，它更多的是从哲学的角度来探讨一些关于时间、空间与运动的问题。

在亚里士多德看来，时间、空间与运动是相互关联的，就某种程度而言，甚至可以说它们就是同一事物不同的表现形式，运动是事物在空间中的位置移动与性质上的变化，而时间则是运动的数目。

亚里士多德认为有四种原因导致了运动的产生，它们分别是动力，即促使事物运动的原因和力量；形式，即事物存在的方式；质料，即构成事物的材料；目的，即事物运动的最终目的。一切事物的运动过程中，这四个原因都是不可缺少的重要条件。如果没有质料，形式也就没有依托；如果没有形式，质料就会混乱不堪；如果没有动力，事物就是静止的，也不可能运动起来；如果没有目的，事物也就缺少了运动的方向。

归根结底，运动就是一个将潜能实现的过程。事物与其形式并非瞬间展现出来的，它们最初以质料为载体，并具备实现自身的潜能。而运动就是事物实现自身的一个过程。

在亚里士多德看来，空间的存在方式有两种：其一是共有空间，所有的事物都存在于这个空间中；其二是事物自身所占据的空间。前者有一定的独立性，存在于其中的事物可能会灭亡，但事物所存在的空间却是永恒的。后者则与事物是同一的，也就是说，事物与其自身的空间是一同长大的，也是一同灭亡的。

接着，他又指出，时间与运动息息相关，但它并不是运动，但可以为运动计数。"现在"就是时间最根本的存在方式，以"现在"为结点，时间有了"前"与"后"的区别，"前"就是已经逝去的现在，而"后"就是尚未到来的现在。以时间来计算运动的数目，因为运动具有连续性，时间也必须具有连续性。与此同时，时间又是一种静止的尺度，而静止也就意味着运动的中断。

在物理学史的范畴内，亚里士多德堪称是古希腊甚至全人类历史上第一个对时间、空间、运动及其本质属性进行较为全面且深入探讨的人。他就时间与空间所进行的阐述，为他之后对物体运动进行更深入的描述提供了一个基本的时空概念，经典力学的基础理论也由此得以奠定。

005

奥勒留：宇宙是统一的整体

马克·奥勒留在《沉思录》里探讨的一个重要主题就是宇宙。在他看来，人类是构成宇宙的一部分，因此，要先考察宇宙，才能考察人。那么，宇宙究竟是什么？

奥勒留在《沉思录》里指出，宇宙之中的万事万物都处于不断的运动与变化之中，与此同时，这种运动与变化也推动着世界的更新。倘若没有运动与变化，一切都不会发生。在宇宙的巨大旋涡里，包括人在内的万事万物最终都会走向灭亡，只是早晚的问题。变化符合宇宙的本性，也符合自然规律。但是，宇宙的变化不是随机或任意的，而遵循着一定的秩序和规律。这种变化并没有触及宇宙的本性，而宇宙的本性也是永恒不变的。

接着，他又谈到宇宙的统一性，处于宇宙中的万事万物都彼此联系着，彼此规定着。因此，宇宙是一个浑然天成的系统，里面的事物按照一种必然的规律和秩序结合在一起。就如一斑见豹，从宇宙的"一"就可以洞悉宇宙的一切，因为任何事物都有着相似甚至同一的形式，并以宇宙整体作为最终归宿。我们看见了当下的事物，也就意味着看见了一切，这一切是横跨时间和空间的，是过去、现在和未来的万事万物。那么，究竟是谁决定了这种必然的秩序呢？奥勒留认为，是宇宙的本性，也就是上帝或天命主宰着一切，而人的理性也正是来源于宇宙的理性。宇宙的一切都井然有序，而人的内在秩序又可以反过来佐证这种秩序，人要生存下去，就要竭力维持内在与外在秩序的一致性。

作为宇宙的组成部分之一，人自然也受到宇宙整体及其中一切事物的规定与制约。因此，人类与宇宙整体及整体中的各个部分都联系在一起。作为整体的一部分，人类应当将整体的利益视为最高利益，服从于这个整体。正如对蜂群有害的东西，对任何一只蜜蜂也是有害的。一旦链条上的任何一个环节被破坏了，整体的完整性也随之破坏。因此，奥勒留告诫人们，"请记住自己是整体的一部分，应服从于整体的安排，并满足自我的命运"。

可见，奥勒留是从生成的层面来考虑这个问题。他认为，人是宇宙整体的一部分，他诞生于宇宙，最终也会消亡于宇宙。在宇宙本性的指引下，万事万物都在宇宙整体中诞生、灭亡、再诞生、再灭亡，如此循环往复。形式和质料组成了包括人在内的一切事物，事物会灭亡，但形式和质料不会，它们只是进入下一个循环，去构成其他事物。奥勒留关于形式和质料的说法其实是延续了亚里士多德提出的形式因、动力因、质料因、目的因这四种促使事物存在的原因。塞涅卡就曾用生动的语言描述说："就好比要创造一座雕像，青铜是质料因，雕塑家是动力因，这座雕像的外貌是形式因，雕塑家预期中的目标是目的因，而雕塑本身则是在这四种因的驱动下的最终结果。"宇宙就像是塞涅卡描述中那个独具匠心的雕塑家，它用合适的质料塑造了一棵树，又摧毁一棵树，塑造了一条河，接着是一个人，还有许许多多其他的东西，然而，每件事物都只能短暂地存在于这个世界上。于是，万事万物就这样在宇宙的浩瀚天地里推陈出新，更迭不断。

奥勒留还指出，宇宙是统一的，也是美的。在他看来，任何事物孤立地看上去都不美，但如果以整体的眼光来看，并将其视为整体的一部分，那么，它就是顺应自然而诞生于世的事物，这时它就是尽善尽美的。一切事物处于相互联系和相互合作之中。奥勒留在此基础上继续深入，探讨了美学上一个很重要的问题，那就是"美是主观的，还是客观的；是人们自己的看法，还是事物自身的属性"。在他看来，美是客观存在的，倘若一件事物的方方面面都是美的，那么它本身就是尽善尽美的。美并不是源于称赞，而是源于自身。

宇宙整体是尽善尽美的，原因在于浩瀚宇宙中的万物都有其自身的价值。冥冥之中的这种安排遵循着合乎自然的道理，人无法决定任何事物有无价值或价值的大小。正如奥勒留所说的："无意义的展览、舞台上的表演、羊群、兽群、刀枪的训练、一根投向小狗的骨头、一把丢向池塘里的面包屑……这所有的一切都是有价值的。人也好，人为之忙碌的事情也好，也是有价值的。"

把宇宙作为一个统一的整体看待，这需要人类站在更高的高度来观察一切事物，包括人类自己。无论是自下而上的仰视，还是自上而下的俯视，都是源自人类心灵的需要。唯有如此，我们才能以一种整体的格局看待宇宙，理解人生。在掌握了宇宙的全貌后，我们才能准确地了解人类所处的位置，才能洞悉宇宙与人生殊途同归的目的。

006

莱布尼茨：早已预定的和谐

莱布尼茨生于 1646 年。从严格意义上来说，他是德国第一位具有世界级影响力的哲学家，从他之后，经过康德，德国哲学界的各色人才呈井喷式，德国哲学也成为世界哲学不可忽视的一笔浓墨重彩。

单子论是莱布尼茨哲学体系中最重要的理论，这是一种有机论哲学，在当时的西方哲学里是很罕见的。机械论的世界观在近代西方哲学占据着主导地位，法国著名哲学家拉·梅特里的著名命题"人是机器"就是这种世界观最典型的代表。原子论是机械世界观最根本的依据，而莱布尼茨的单子论则与之针锋相对。

那么，单子究竟是什么呢？莱布尼茨认为，单子是构成世界的最基本的单位，它们是最小的单位，已经不能再进一步分割了。为何不可分割呢？原因是它们并不占据空间。这些单子一同构成了世间的万事万物，在这一点上，单子与原子具有相似性。二者的区别在于，单子并不是纯粹的物质，每个单子都有灵魂、有感觉。单子的等级各有不同，处于最低级的单子的知觉很模糊，而处于最高级的单子却拥有灵魂。不同等级的单子构成了整个宇宙，成就了一个完整的体系。

如此看来，宇宙中的一切事物都是有生命的，生机与活力遍布于宇宙的每个角落。在宇宙中找不到任何荒芜之处，所谓的荒芜也只是表象罢了。比如说，我们从远处看一口池塘，几乎看不到里面有任何生命的迹象，然而，如果我们走上前去，来到池塘边，就会发现里面各种各样的生命。池塘里，这条鱼与那条鱼的潾潾水光之中，树枝上，这枚果实与那枚果实的缝隙之间，看上去没有任何生命，但其实生命也存在于这些空间里，只是这些生命很微小，以至于肉眼看不见。如果我们能深入旖旎的水纹里或是微风中摇曳的树枝间，也许我们会在那里发现一口满是鱼儿的池塘，一座植物葳蕤的小花园，而这口小池塘里还有更小的池塘，这座小花园里也有更小的花园……如此反复，以至无穷。

那么，整个宇宙就是偌大的洪荒，万事万物都孕育于这洪荒之中，又消逝于这洪荒之中。因此，从宇宙的维度而言，在那里既没有真正的诞生，亦没有真正的逝去。也就是说，新事物的诞生只是某个事物增大了，也就是某个微小的灵魂获得了一个现实的实体，形体由小变大，并逐渐从洪荒的底层上升，来到了表层；旧事物的消逝则恰恰与诞生的过程相反，是事物由大变小，重新卷入洪荒的底层，返回了最初的微观世界里。

以上就是莱布尼茨单子论的基本观点，有针对性地回答了两个问题：万事万物从何方而来？又往何方而终？而他的基本观点是，万事万物皆不可来自无，也不能回归于无；有不能产生于无，有只能产生于有。万事万物都来自微观世界里看不见的单子，它们在世界上呈现出来的过程其实就是由小变大的过程；而万事万物最终从世界上消失则是由大变小的过程，最终又回归到单子的状态。

与此同时，任何单子都不是孤立存在的，每个单子都与其他事物处于一种全方位的密切联系里。任何一个单子都有感觉或灵魂，在偌大的宇宙里，每个单子都如同一面镜子，在那里能反观整个宇宙。换言之，任何一个微小的单子里都包含着全宇宙，这里的全宇宙既是空间意义上的，又是时间意义上的，也就是说，在每个单子里能看到它自身的过去与未来，还能看到整个宇宙的过去和未来。

然而，单子同时又是不可分的，是彻底封闭的，任何来自外部的力量都无法作用于其内部。那么，为何宇宙会处于如此和谐的井然有序之中呢？单子又是怎样反映自身、万物和整个宇宙的呢？莱布尼茨认为，这一切其实都是上帝一早预定好的和谐。早在上帝创造每个单子的时候，他就早早地设定好了每个单子及其与万事万物间的联系，乃至它们完整的生命历程。因此，全宇宙展现在我们面前的秩序是如此的完美。同样，布莱尼茨也指出，这些单子是上帝灵光一现之下创造出来的，是一次性的、一劳永逸的。莱布尼茨在这里也从神学的角度回应了机械论：如果世界以这种形式被创造和预定，那么，就不存在真正的发展，只是在世界被创造出来后的展现历程中才体现出有机性。

诚然，这个问题过于晦涩，也无怪乎莱布尼茨不能给出完美的答案。他所说的上帝的创造其实也可以理解成是无法回答的一种委婉说辞。正如莱布尼茨所描述的那样，宇宙中的万事万物互相联系、包含、映衬，早已预定的和谐就反映在这种井然有序之中。任何事物之所以能存在于世界上，说明它早就以另一种形式存在着了，如若不然，它就不可能产生。试问，何物能诞生于一片虚无呢？从未存在过的事物要如何产生呢？

007

笛卡儿：宇宙之美，在于光怪陆离

在笛卡儿所处的时代，"地球围绕着太阳运转"被视为异端思想，为了尽力避免为该思想进行辩护的嫌疑，笛卡儿在他的物理学原理的基础之上拟建了一个假想中的宇宙。随着研究的进一步深入，他认为，这个假想中的宇宙与真实的宇宙是难以区分开的。

在假想的宇宙里，物质是某种程度上的广延，于是，某种单一的物体充斥于偌大的空间之中，它的各组成部分分别以不同的速率运动着。在该宇宙里，大大小小的微粒持续不断地冲撞着，它们的运动必须符合三条法则。对于该宇宙中各种运动的方向与力量，笛卡儿进行了极为严谨而确切的区分。第一条法则提出，在不和其他物体冲撞的前提之下，所有物体都保持着固有的运动状态。第二条法则提出，在冲撞的状态下，物体的运动总量守恒。第三条法则提出，在不受外界因素影响的前提下，物体从始至终进行着直线运动。

在笛卡儿的设想里，该宇宙之中的所有物质都处于旋转的运动里，陷入了数也数不清的旋涡里。通过这一观点，笛卡儿对包括地球、太阳在内的所有星球的产生与运动进行了阐述。在太空流体的带动之下，行星始终围绕着太阳转动着。以此为基础，笛卡儿尝试着进一步解释为什么有的行星处于运转得更快的轨道上，同时，他还解释了为何月球围绕着地球轨道运行。在同一理论的基础之上，笛卡儿还对潮汐运动等各种纷繁复杂的变化进行了解释。

在写作《方法论》的过程中，笛卡儿谈到了他没有公开出版的《论世界》，笛卡儿写道："一开始，我只是尝试着充分地解释我所了解的光。接着，随着时机到来，我又加入了关于太阳和恒星的相关内容。在我所知的范围内，它们是所有光的来源。同时，我还加入了关于天空的内容，因为它们是传输光的媒介；同时，还增添了彗星与地球的相关内容，它们有反射光的作用；关于地球上各种物体的内容也在其中，它们有的是透明的，有的有颜色。最后，还包括人，他们正是这些物体最直接的观察者。"笛卡儿认为，光是通过第二种元素也就是空气来传播、由第三种微粒组成的东西来进行反射或折射的。根据运动的有关规则，我们可以解释光的所有活动。

不久后，笛卡儿所写的《气象学》一书面世，他巧妙地使用折射原理来阐述彩虹的相关现象。在该书中，他还根据第二种元素微粒的旋转速度来解释颜色，并尝试着解释为什么彩虹会呈现出各种各样的角度。

为了在生理学方面进一步探讨人体，笛卡儿详细地描述了"陶制机器"的工序，并指出人的有机组织看上去与"陶制机器"并无太大区别。笛卡儿尝试着解释包括消化、血液循环、心脏、神经系统在内的人体全部的生理过程。在他看来，除了某些需要依靠自我意识和自由意志的思想之外，根据机械原理几乎可以解释人类所有的生理功能。他认为，神经系统就如同一个小型的管道体系，在这些管道里，有流体物质不断运动，肌肉的形状也随之发生变化。在此基础上，笛卡儿对打哈欠、咳嗽、呼吸等生理活动的原理进行了解释，甚至还尝试着解释了知觉的有关机理，其中包括人类对距离的感知。

后来，笛卡儿放弃了继续撰写《论世界》，转而修改了两篇尚未发表的论文——《气象学》和《屈光学》，同时还写作了《几何学》一文，以此来详细阐述他的方法。《方法论》是笛卡儿所写的一篇介绍性的小短文，1637年，以上四篇文章被整理成书，正式出版。相比之下，这种出版形式更符合笛卡儿的风格，他偏好于这种零散而间歇性的表达方式。他通过这种方式展现了他的方法，也不必因为对行星运动的论述而遭受教会的迫害。

008

柏格森："生命冲动"是创新的源泉

　　亨利·路易斯·柏格森是法国20世纪的著名哲学家，同一时代的其他哲学家曾指摘他的哲学观点不够时髦，然而，一个不容忽视的事实是"每个人都或多或少相信他的哲学"。

　　柏格森的哲学以对生命冲动与物质进行基本区分为发端，他认为，二者是宇宙间不同的两种冲动，前者是对创造的持续性和事物多样化的推动，后者是使事物归于统一的熵性的强迫力，在这种强迫力的作用下，能量被驱散，生命流被抑制。

　　柏格森的知识理论里多次探讨了这两种力量的不一致。在他看来，理智依据个别重复的观察项目解释经验流，代表了物质的方式，几何学是其中最伟大的成就，它否定了持续不断的经验流的存在，试图通过识别和把经验分类为可以重复和分离的个体的方法来了解现实。本能是与之对立的概念，柏格森认为，本能是一种创造力，与空间有关，但与时间的关系更紧密。因为经验最鲜明的特点是继起，因此，创造力一直具有延绵的特点，也就是说，它能成为永恒的存在，绝不会被动地被抑制。

　　柏格森的绵延观念是上述复杂思想的理论基石。他认为，人们在理智的驱使下，总是试图通过将时间分割成不连续的片刻来处理经验的持续性。然而，在柏格森看来，分割是人为的。在经验中，过去与现在互相交融，而且这种状态是持续的。变化是连续的、动态的，而不是断断续续或静止不变的。

　　然而，柏格森很谨慎地避开了这个陷阱，他宣称"生命冲动"是朝着某种预定方向的才恒久。他认为，这是一种漫无目的的漫步，每当遇到对立面物质的限制或束缚，就要不停地适应对方。对于任何进化论主张的目的论的解释，柏格森都不认同，比如说，亚里士多德认为所有事物都努力实现着某个预定的目标。柏格森认为，以亚里士多德为代表的这类说法体现的是一种反机械论的思想，也就是任何事物并不是由先天原因决定的，而是由某些未来的潜力决定的。在柏格森看来，这是彻底的决定论，因此，他全然不能接受。

　　在他看来，"生命冲动"恰好证明了自由意志的存在，它是一种无法预见的变力，在物质向下的压力的影响下暂时定型为有序的形态，但是，它迟早会再次移动并发生变化。在"生命冲动"的作用下，物质被迫变为有生命和无生命的各种形式，其中有生命的又演化为植物、动物，动物又演化为人类，并更进一步产生了本能与理智的变化。他认为，"生命冲动"是创新的不竭动力，在文学或艺术作品里亦是如此。柏格森认为，这些作品都是受先前影响的产物，但是，它们不仅是其他部分的总和，同时也具体表达了一个统一的思想，那就是艺术家的直觉。

　　在柏格森晚期作品里，他把爱与上帝的观念融入"生命冲动"中。虽然柏格森认为与生命和物质相对立的真实是"一个在消灭自己中创造自己的真实"，它们联系在一起，不可分割，然而，他很显然认为"生命冲动"，也就是直觉和本能的方式要比物质的方式、理智的方式以及最终理性的方式更优越，也更值得崇拜。从某种程度上来说，他的作品是对法国反理智主义的延续，这股潮流肇始于卢梭并一直延续至今。

009

孔子：乐山乐水，仁爱万物

人类要谋求生存与发展，在展开各项社会活动的过程中，就要首先懂得认识并了解自然，顺应自然规律，与万事万物达到和谐统一的境界。孔子主张的仁爱思想，不仅仅在于要爱人，更要珍爱一切有生命的物。他在《论语·阳货》里说："小子何莫学夫诗？诗，可以兴，可以观，可以群，可以怨。迩之事父，远之事君。多识于鸟兽草木之名。"

孔子的这段诗论很有名，很多人也很熟悉，但是最后一句"多识于鸟兽草木之名"却让人有所不解。孔夫子之所以说这句话，主要想表达两方面的意思：第一，告诫人们多认识自然界的草木鸟兽，这是很好的诗教，也就是审美教育。只有亲近自然，在大自然里实地观察，才能更好地接触并认识各种草木鸟兽，在大自然中得到熏陶与净化，让身心趋于纯净与丰盈，体会到自然最真切的美感。第二，在大自然中接触并认识草木鸟兽的过程，说到底是在进行生态教育。人们在此过程中能生动地了解到很多物种的生态特征，也明白人们所处的生存环境是由各种各样的生物一同构成的，从内心里怜悯并关爱这些弱小的物种。

孔子开设讲坛，广收学徒，带领着弟子众人在山水之中徜徉，拥抱大自然，在自然中培养审美情操，抒情言志，扩充知识。有一次，孔子与众弟子谈及理想。子路说，他的理想是成为一个政治家，治理一个大国；冉有想管理一个小国；公西华想成为司仪。三人都拥有远大的志向，对此，孔子未知可否。相比这三人，曾皙的志向似乎有些不值一提，他是这样描述自己的志向的："暮春时节，穿上薄薄的春衣，与三五好友相约，带着自己的孩子，在河里洗澡，再在河畔吹吹春风，一起唱着歌儿回到家里。"这番话平淡无奇，与远大的理想毫无关系，却是孔子最认可的，最后成为《论语》中的《侍坐》章，孔子将自己的抱负融入滔滔春水与融融春日里，发出阵阵喟叹，可见他对山河湖海、花鸟鱼虫怀着一份深切的喜爱。《论语·公冶长》曰："道不行，乘桴浮于海。"言下之意，如果不能实施他的政治主张，他宁愿在海波中泛舟，这也是他洒然性格所致，在失意之时希望寄情于山水之间。

孔子开儒家思想之先河，将深情厚谊寄托于山水，将仁爱之心遍布于世间所有生命。《论语·述而》写道："子钓而不纲，弋不射宿。"其中"钓而不纲"说的是孔子捕鱼时从来不用大网来阻断流水，他觉得不忍心用这个办法来捕鱼；"弋不射宿"说的是黄昏时分，鸟儿归巢，孔子就不会再去射杀它们。孔子的所作所为都是为了保护那些尚未长大的鱼儿、鸟儿，这种做法在当时是不为人们所理解的，却被他的弟子记录了下来。

孔子尊重有灵的万物，落实到具体行为上，就是用"时禁"来保护动植物，也就是说，动植物尚未成熟的时候，要禁止猎杀或砍伐它们。孔子曾在《礼记》中明确指出：猪、狗、牛、羊等牲口乃是上苍的馈赠，它们是人类的朋友，上至王侯将相，下至黎民百姓，若非不得已的情况，不应该宰杀他们。在《礼记·祭义》中，孔子提出："断一树，杀一兽，不以其时，非孝也。"意思是，如果在不合适的时令猎杀野兽。砍伐树木，这样的行为是不孝的。孔子一直对树木怀有深厚的感情，他在自家院落里修建了一个坛子，在里面栽种了几株银杏树。每当有学生来到家中，他就与他们在树下抚琴、讲课。后来，孔子去世了。学生们为了纪念恩师，会在他的墓前栽种树木来寄托哀思。

第四章 | 没有目的，只有过程：
哲学这样看生死

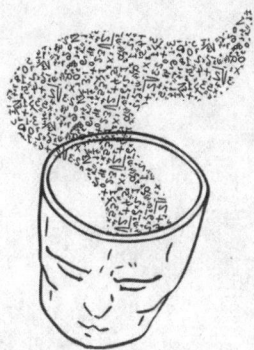

001

苏格拉底：灵魂是不朽的

苏格拉底在《斐多篇》的后半部分多次对灵魂不朽这一问题展开论证，然而，他的学生齐贝对此仍然心怀困惑，并对论证提出了质疑，即灵魂是高于肉体的存在，但灵魂也许和肉体一样，有着寿命的限制，只是灵魂的寿命比肉体更长久一些。大限一至，灵魂也随之湮灭。

苏格拉底在临死之前对灵魂不朽展开了最后一次论证："灵魂碰到了死，它也不会因为死而灭亡。当灵魂碰到死的时候，它会选择挥别死亡，因此，不死的灵魂也是不朽的。"

在苏格拉底看来，善是一切能保存的、有益的，而恶是一切能破坏的、能毁灭的。任何一件事物都具有善与恶两种特性，它们都因为本质上所固有的恶而最终灭亡，比如身体生病、水果腐烂、牙齿发炎、树木枯朽等。如果事物自身所固有的这种恶不能最终破坏它或毁灭它，就再也没有任何东西能将其毁灭。因为善或者存在于善与恶之间的"中"，即不善不恶都不会毁灭任何事物。心灵的恶有很多种，比如不克制、软弱、无知、不公正等，但它们之中的任何一个都不足以让心灵分崩离析。

苏格拉底举了一个例子来说明这个问题，如果一个人吃了一枚腐败的水果，结果生病了，这只能说明他的身体是因为食物而被自己所固有的恶，也就是疾病所损毁了。对人来说，水果等食物的恶是外来的，它可能引起身体生病，也可能不会引起身体生病，这种来自外界事物的恶并不能毁灭人的身体。因此，对于肉体的各种惩罚都是肉体的恶，它与灵魂的恶完全无关，因此也不可能毁灭灵魂。古希腊的人们普遍认为，热病或其他一些疾病，千刀万剐等对肉体的惩罚都会最终让灵魂毁灭。苏格拉底认为这种观点是错误的。灵魂永远不会被来自外界的恶所毁灭。当时的人们认为，灵魂的恶是用来毁灭外部其他事物的，但是倘若外界事物所固有的恶无法让灵魂灭亡，那么，那些原本试图用来毁灭别的事物的灵魂的恶则既毁灭不了其他事物，也毁灭不了灵魂。如此一来，无论是固有的恶，还是外界的恶，都无法摧毁灵魂，它就肯定是永恒的、不朽的。

在确定了"灵魂不朽"这一观点后，苏格拉底又进一步指出，灵魂的不朽就决定了它一直就是这么多。灵魂不会增加，也不会减少，因为它既不会诞生，也不会灭亡。正如苏格拉底所指出的："如果不朽的事物会增加，势必就会有可朽之物成为不朽之物，这样一来，一切事物都可能成为不朽的，然而这种想法是为理性所不容的。"

002

柏拉图:"死亡练习",哲学家的生活

　　纵观西方哲学史,柏拉图是第一个把死亡从宗教神话中抽离出来并赋予哲学思维的人,根据理念论有关两个世界的划分原则,柏拉图比较明确地把生与死区分开来。他在《斐多篇》等对话篇目中对生死问题进行了具体阐述。

　　首先,柏拉图以灵肉分离作为其阐述灵魂不朽的前提条件,同时,这也是他有关两个世界划分必然导向的结论。柏拉图认为,在多变的现实世界中,人是由肉体与灵魂共同组成的复合体。在他看来,灵魂的运动就如同巧妙的合力,就好比两匹飞马同时拉一辆马车,其中一匹马性格克制而谦逊,另一匹马则冲动而飞扬跋扈,加之驾驭马车的车夫技术并不高超,因此,灵魂从天庭的悬崖边坠落人间,以人的肉体为依附,人因此获得了生命力。柏拉图指出,现象界的物体是静止的,而"自动乃灵魂的本性"。当灵魂与肉体结合,人随之诞生,肉体为灵魂提供种种感官享受,灵魂让人能够运动并思考。

　　其次,柏拉图提出灵魂不朽的观点。他在《斐多篇》中通过苏格拉底在临死之前的一段话对灵魂不朽的观点进行了详细阐述。他认为,"活人也好,活的东西也好,都来源于死的东西",这是对灵魂不朽的高度概括。接着,他还着重提出,人类学习的过程其实就是不断回忆起另一个生命体所拥有的知识。然而,柏拉图最后抛弃了上述种种论证,直接提出一个更简单明了的想法,甚至带有一些强迫性:真、善、美皆是永恒的,在人降生前，灵魂就直观地感受或领悟过这些东西，因此，灵魂与真、善、美一样，皆是永恒不朽的。在柏拉图看来，拉车的两匹马就犹如人类的理性与感性，柏拉图通过灵魂生动地刻画人性。然而，令人遗憾的是，灵魂不朽的观念让人性趋于符号化了。

最后，在柏拉图看来，对哲学家来说，他们的日常生活就是一场场"死亡练习"，这也是柏拉图死亡学说的核心内容，鲜明地反映了他的人生价值观。柏拉图指出，灵魂拥有一定的自由，一方面处于神灵的监管之下，另一方面却有权选择向善或向恶。可见，一方面，现象世界中的色相、权势、财富时刻诱惑着灵魂；另一方面，灵魂时刻回忆起来自理念世界的真、善、美，竭力在种种诱惑面前保持着冷静与克制，从而避免陷入罪恶的深潭。因此，灵魂若试图早日摆脱痛苦的深渊，重返真、善、美的理念世界，就必须先彻底拒绝现象世界的各种诱惑，约束本能，每时每刻都将理念世界的种种景象在心头回放。只有这样，当肉体最终死去时，在神的指引之下，灵魂才能重回理念世界。在柏拉图看来，进行哲学学习是回忆理念世界的最佳途径，因此，对哲学家来说，他们的生活无异于"死亡练习"。

柏拉图在《斐多篇》里写道："人若想免除对于自己灵魂将来命运的种种忧虑，唯一的办法就是在生前抛弃肉体的欢愉，对于他所追求的事物而言，这些外在事物弊大于利。把一生奉献给知识并乐在其中，这样一来，他的灵魂之美就并不是从他处借来的，而是拥有其自身的美。这样的灵魂必然是善良、克制、自由的，他也能在另一个世界自由地遨游。"

003

伊壁鸠鲁：不谈死亡，它与我们无关

人们时常自问，为何自己的灵魂会纷扰而不安呢？早在数千年前，伊壁鸠鲁就针对这个问题给出了答案，有两方面的原因引起人类灵魂的纷扰：第一，天象不朽观；第二，死亡观。

伊壁鸠鲁指出，无穷无尽的原子构成了天象，因此，天象并非不朽的。日升月降、昼夜更迭、寒来暑往，人们从这些自然现象中感受到了天象不朽的神圣性，进而联想到自身生命是如此短暂易逝，于是对永恒的天象产生了恐慌，灵魂陷入惶惶不安之中。于是，伊壁鸠鲁将他的原子论哲学融入人生哲学中，就是想告诉人们：偌大的宇宙中，一切事物都不是永恒不灭的，换言之，"世界最终走向毁灭"。

伊壁鸠鲁认为，当人们不了解自己面对的对象时，恐惧也就随之产生了。因此，他告诫人们，一定要在日常生活中培养理性的思维，学会慎之又慎地推理，明确地辨析个中因由，这就是安顿人们心灵的最佳方式。他尝试着告诉人们用理性来分析死亡，也不要因为如影随形的"非理性的死亡预感"而惶恐不安。一般情况下，每个人面对死亡时都会感到一种难以言说的恐惧感，在伊壁鸠鲁看来，这种恐惧正是产生于人类对于不朽的欲望。他认为，既然天象都会走向毁灭，那么，人类走向死亡岂不是太自然了。因此，身而为人，应该"不谈死亡，并习惯于相信死亡与我们无关"。只有正确地认识这一点，我们才能愉快地接纳以死亡为固有属性之一的生命。要达到这种境界，并不是依靠让生命无尽地延续下去，而是逐渐让不朽的欲望消除掉。唯有如此，人们才不会终日生活在死亡的阴云下。

为了阐述这一哲学观，伊壁鸠鲁试图直接告诉人们怎么应对终将到来的死亡："当我们活着时，死亡尚未降临；死亡来临之际，我们已然不再存在。因此，死亡于生者或死者而言，都是毫无关系的。"死亡在某个地点等待着我们，但它尚未来临，并不值得恐惧。可见，让人们害怕的是未来的死亡，害怕某个并不存在的东西，在他看来是荒诞不经的。

基于对死亡的看法，伊壁鸠鲁又从中引申出了另一个重要的人生理论：就本质而言，生命不是善的，也不是恶的，它只是自然的。他之所以提出这一观点，目的是抨击当时一度风靡的一种情绪，那就是人活着是如此痛苦，而死亡是不可避免的人生终点，既然如此，最好的办法就是不要降临在人世间，这样才能避免一切烦恼。伊壁鸠鲁质问持有这种观点的人们：既然他们"真的相信这种观念，为何不放弃自己的生命呢"？可见，伊壁鸠鲁讨论死亡的目的是鼓励人们追求快乐的人生，也是为了反击这种消极厌世的情绪。他认为，人们不应该厌恶生命，也不应该恐惧死亡，这是因为"好生好死都是一种优良的教养"。

对于死亡，伊壁鸠鲁的态度是如此达观。他劝告世人，从理性的角度出发，消除对死亡的恐惧感，换个角度来看，其实他是在竭力劝告人们不要将人生白白浪费在追求那些终究难圆的梦想上。但是，从人类出生之日起，死亡就如影随形，而死亡又从反面佐证着人类的存在。

004

弗洛伊德：死亡乃生命的最终目标

弗洛伊德关于死亡本能的讨论是他后期思想的重要内容。早在 1900 年左右，死亡本能的理论就开始在他脑中萌生，最终，他于 1920 年出版的《超越快乐原则》一书中正式提出了这个理论。在他看来，"死的本能是一种毁灭生命的力量，而它的外在表现形式就是死亡。而死亡是每个生命的最终目标。"

每个人从出生之日起，就有一种本能，希望通过对自我生命的毁灭而重新回到那种无机形态的状态下，这是一种源自本能的自我毁灭，任何生命历程都不可能超越这种死之本能。征服、攻击、暴虐、残忍、自杀、谋杀、侵略、损毁、伤害等，都是死之本能所催生的具体表现。

在弗洛伊德看来，这种本能是人们普遍具有的一种内在天性。他说："任何生命个体都会因为内部原因而最终死亡，没有例外，如果我们将这一点视为真理，那么，我们就必须承认，死亡是所有生命的最终目标。我们如果回顾一下历史，也会发现早在有生命的东西存在之前，无生命的东西就已经存在了。"

究竟是什么触动了弗洛伊德，让他开始研究死之本能呢？就客观层面而言，第一次世界大战对弗洛伊德产生了巨大的影响。他生活在一个处于激烈变革之中的年代，他与所有人一样，都对未来满怀着希望，热切地期盼着幸福与安宁降临人间。1914 年，第一次世界大战突然爆发，这让弗洛伊德觉得难以置信，他从未想过人类能达到如此疯狂而残酷的程度。于是，他借助精神分析学的相关原理进一步提出了死亡本能的思想，这与他之前提出的生的本能的观点是相辅相成的。

就个人的主观层面而言，弗洛伊德曾患死亡恐惧症，这也促使他提出了死亡本能的相关学说。死亡如影随形，一直纠缠着他。在他40岁以后，他几乎每时每刻都沉浸在死亡的恐惧之中，甚至有时候在与朋友分别的时候还会额外加上一句："也许明天你就再也不会见到我了。"他对死亡有着敏感而强烈的反应，究其根源，还可以追溯到他的孩提时代。

在他6岁那年，有一天，他的母亲对他说："人是用泥巴捏成的，因此，人总有一天还会回到泥土中去。"弗洛伊德听后感到深深的不安，后来一个声音久久地盘旋在他的脑海里："你早晚都会死！"由此可见，"人终究会回到泥土之中"深深触动了小小的弗洛伊德，成年后，他从内心深处产生了对死亡的恐惧，在这些人生经历的促使下，他开始投入死亡的相关研究中去，并提出了死亡本能的学说。但如果从事实的角度来看这些推测，似乎又有些不合逻辑。真实的情况是弗洛伊德于1923年被确诊患有癌症，而那时距他提出死亡本能的理论已经有好几年。但是，如果他在尚未得知罹患癌症时就对死亡有所感知，得病之后，这种感觉变得愈发强烈，并由此产生了生与死之间的冲突是人类体验的中心这一思想。正是这些源于现实生活的思考让他认识到死其实是生命隐藏的最终目的，人终究会死去，这对于当时的他来说或许也是一种安慰，或多或少能缓解他对于死亡的恐惧。

005

海德格尔：人生是向死而生

关于存在本身，海德格尔无意探求，而是致力于探寻存在的意义。时间性总是与生与死有着微妙的联系，在《存在与实践》第二篇探讨时间性时，海德格尔专门花费了一章的篇幅来探讨死亡。然而，海德格尔对时间的认识与传统时间观有所区别，因此，他的生死观也超越了传统生死观。

海德格尔认为，就传统哲学而言，自亚里士多德，都以现在这一时间维度作为阐述存在的标准，然而，"现在"其实只是时间上的一个向度，以现在作为出发点来阐述时间，时间就被物化了，成为一种永恒的存在。只有处于这种传统时间观念的背景之下，近代主体形而上学才能行得通。在康德那里，时间被作为一种先天形式，事实上，指的就是现在的时间：以现在为核心，以一种机械的方式将时间划分为过去、现在和将来。正所谓"逝者如斯，不舍昼夜"，时间维度上的每一时、每一刻，都只是计时单位不同，它们的本质并无区别。

海德格尔从存在的基本形式出发，划分出三种时间性概念：过去、现在和未来。然而，它们不同于传统的时间概念。海德格尔所强调的"此在"是一种可能性，"此在需要某种能自身存在的见证，用来见证此在根据可能性而言已经是这种能自身存在"，也就是说，这里谈到的"此在"是一种可能性的存在，而它的最终归宿是死亡。海德格尔认为，"先行于己"才能直面死亡、领悟死亡，才能回归本己的曾经存在。显而易见，只有这种此在曾经存在，才能在未来重返归途，换言之，此在必须先融于世界，沉沦于世界，才能真正回归本己。

由此可见，在海德格尔看来，此在是真正的存在者，被抛入时间，领悟死亡：首先，死是生趋向于的可能性之一，人生本就是一个让可能性不断实现的过程，在没有实现这种可能性之前，人都是不完整的。对于生而言，死是一种"悬欠"，和其他多种可能性一样，都等待着生将它终结。就此而言，人的生存正是无数种可能性的徐徐展开。其次，死无法超越，是命中注定的归途。人的有限性就是由这种绝对的可能性体现的，而人的有限性也确保了此在的自我性和特殊性都是无法消除的。再者，人的生命过程就是"向死而生"，从出生之日起，人的结局早已注定，就是死亡。在不断走向死亡的过程中，人生存着。这些话语看似简单，背后却蕴含着深刻的内涵，那就是人必须以死亡为出发点，筹划自己的生存，怀着对死的敬畏让生更加深刻。就像海德格尔说的："此在本身会产生一种持续不断的威胁，而'生'的意义在于直面这种威胁，栖身于这种威胁之中，并不断淡化或消弭这种威胁对'生'的影响。"

人的一生是不断迈向死亡的一生，生而为人，可以不惧死亡，但不能无视死亡。正视死亡的过程，也让生存的勇气与智慧得以彰显。"向死而生"让生存更完整、深刻而高远。

006

培根：死亡犹如黑暗

成年人对死亡的畏惧，就像孩童深深害怕陷入黑暗之中。关于死亡，培根认为，那些古老传说让孩童天性里的恐惧越来越深，而成年人对死亡的畏惧也是如此。在培根看来，"人们怀着神圣而虔诚之心对死亡凝神沉思，他们视死亡为来自原罪的报应和去往彼岸的桥梁。"

培根认为，在人们虔诚的凝思之中，往往还掺杂着虚荣与迷信。有的修道士留下了一些以禁欲为主题的书籍，里面写道："人应当时常自省，如果指甲被狠狠折断，这种折磨将带来何种痛苦；随后，你不妨想象，当死亡降临的时候，整个身体逐渐腐败，这会是何等的痛苦。"然而，事实上，伴随死亡而来的痛苦有时候比躯干之一遭到虐待所承受的痛苦反而要轻缓，原因在于人的生命由脏器维系，但它们并不是人体中最敏感的器官。在这里，培根引用了某位颇具天赋的哲人的话语："与死亡相伴而来的事情，比死亡本身更令人惧怕。"

纵然如此，培根并不认为人们对死亡的恐惧是不可战胜的，人们大可以凭借心中微弱的激情来克服对死亡的恐惧。因此，倘若在诸多激情的助威下，人们或许能打赢这场战役。有的人靠着熊熊燃烧的复仇之火战胜死亡，有的人靠着对爱人的眷恋之情蔑视死亡，还有的人出于对荣誉的渴慕之情渴望着死亡，更有人满怀着悲恸之情慨然赴死。

此外，培根还强调，如果一个人拥有高尚的灵魂，那么，即使死亡步步紧逼，也丝毫动摇不了他的灵魂。哪怕濒临死亡，在临死前的最后一刻，他们依然故我。正如培根所说，在临死之前，奥古斯都·凯撒仍专注于赞颂："永别了，亲爱的利维亚，希望你永远不会忘记我们婚后共度的美好时光。"提比略亦是如此，临死之前，仍保持着自己固有的姿态，正如塔西佗所描述的："你看，提比略的身体日渐消瘦，然而，他始终如一地惺惺作态。"而苇斯巴芗大帝呢，临死之前，他端坐在凳子上，嘴里仍自顾自地说着俏皮话："我想，我马上要变成神了！"诸如此类，不胜枚举。

在培根看来，斯多葛学派为死亡附加了太多深邃的含义，也为或早或晚总会降临的死亡进行了太多反复的准备。毋庸置疑，正因为这些心里预设让死亡变得愈发可怖。他认为，与其这样，不如像有些人所说的，"生命的终结不过是自然予以的恩惠"。在培根看来，死亡与出生一样，都是自然而然的事情。对于婴儿来说，死亡与出生的痛苦程度也许是一样的。在热切追逐的一生里，濒死之人就如同在热血沸腾的时候身负重伤，在那一刻里，他感受不到任何疼痛，"正因为这样，那些有着坚定信念的善良之人确实能避开来自死亡的痛苦"。此外，死亡还是通往名誉之门的钥匙，能够消除人们的嫉妒，试想想，"那些生前饱受人们嫉妒的人，死后反而获得了人们的爱戴"。

007

克尔凯戈尔：死亡是人的最高存在

克尔凯戈尔与叔本华几乎生于同一时代，是著名的丹麦哲学家。对于传统哲学以及当时风靡的黑格尔哲学，克尔凯戈尔提出了犀利的批评，在他看来，黑格尔僵硬地套用某个概念推演出一个冗杂的哲学体系，试图对宇宙进行穷尽式研究，以解释一切困惑。

对于这些努力建立体系来解释永恒本质的哲学家，克尔凯戈尔讽刺说："他们搭建起富丽堂皇的宫殿，自己却住在茅草房里。"为了探究永恒的本质，他们却忘掉了最重要的东西——人。每个生命个体都是独一无二的，短暂且不可复制，理所应当作为哲学关注的核心。他振臂高呼，让人们多关心一下自己和自己所处的群体，多关怀一下"这个时代孤独的个体"。正如他所说："如果我战死沙场，只要在墓碑上刻上'那个孤独者'这几个字。"

每个人拥有不同的世界，不同的梦想与追求，不同的道路、书籍与房屋，不同的人际交往与情感，各种要素共同构成了他独有的世界。对于其他人来说，这个世界也许无关紧要，但对他本人来说，却是如此重要。他的世界独独属于他，他就是他的世界，他选择并创造了这个世界。对于他来说，他的世界是一个永远开放着的世界，一切都是未知的。就像克尔凯戈尔说的："在他本人的有生之年，他的世界无时无刻不在变化着。"

就这样，每个人都孤零零地存在着，怀揣着漂泊不定的意愿，面对着纷繁复杂的外部环境，迎接着不可预知的未来，他要独自决定，没有任何启示。对于每个孤独的个体而言，他的一生都在冒险中决定着，当他面对飞来横祸或死亡的威胁时，他最隐秘的生存状态就显现出来。在这个过程中，他体验到痛苦、厌倦、失落、热情、情欲、需求等，在模棱两可的状态中感受着恐惧与绝望。这些生存状态来无踪、去无影，人们可以体验并感受它们，却难以用言语描述。对于这些瞬间消逝的情绪，很难找到词语或概念准确表达出来。然而，人生最本真的自我蕴藏于此，显露着最深刻的人生真谛。

克尔凯戈尔一生被恐惧纠缠着，饱尝忧郁与孤独，对他来说，人生最基本的存在状态就是厌倦、恐惧、忧郁、绝望等因素交织在一起。他认为，人是瞬间存在的，有很多种自我实现的可能，人们无法预料或把握它。人最终会成为什么样子，无从把握，无法自主，说不清其中的道理。人唯一能做的就是在冒险的选择与决定中成就自我、实现自我，这就注定了终其一生处于永无宁日的恍惚之中。

克尔凯戈尔认为，当厌倦达到心烦意乱、难以排解的程度，就演化为忧郁。当恐惧、厌倦、忧郁等负面情绪主宰着某个人的时候，他深陷于绝望的状态里。克尔凯戈尔将绝望分为两种：一种是因为不愿做他自己而绝望，另一种是因为不得不做他自己而绝望。

通俗来说，不愿意做自己而绝望就是不满自己当前的处境，却无法摆脱，由此萌生的绝望，比如说，失恋的时候人们就会产生这种情绪。不得不做他自己而绝望，也就是说，人的生命是有限的，死亡是必然的结局，然而，有人却想超越有限，这种强烈的欲望永远无法实现，从而产生深深的绝望。克尔凯戈尔称这种绝望为"致命的痼疾"，这并不是说人的肉体会因此死亡，而是说，一个人深切地了解到生命的短暂和死亡的必然，与此同时，他又了解到世界一片虚无，他只能眼睁睁地看着自己逐渐迈向死亡，任何挣扎都是徒劳，只能体会着期间的焦虑、郁闷与绝望。

由此，他提出，只有当人们面对死亡的时候，才能深刻地体会到自我的存在。只有当一个人真切地体会到死亡的感觉时，才能把自我与他人、社会、世界彻底分离开，才能坦诚地面对自我，从而领悟自我的存在价值。唯有面对来自死亡的恐惧，人才能清醒过来，获得独一无二的特殊性，成就真正的自我。

008

庄子：人生百年，终有一死

　　生与死，是人生历程的起点与终点。漫漫人生就如一条不归之路，唯有真正领悟生命的真谛，才能坦然地面对无处不在的死亡阴影。

　　《庄子》里始终探讨着一个人类永恒面对的问题，即生与死。庄子有很多关于生死的故事，其中大家最耳熟能详的就是他在妻子去世的时候鼓盆而歌。正如庄子说的，"古之真人，不知说生，不知恶死"，古代那些真正领悟生命真谛的人们，并不觉得拥有生命有何可喜之处，也并不觉得死亡降临之时有何可怕之处。

　　面对生死，君子的态度始终不会刻意，全然不担忧自己从何而来，又要去往何方。在这些人看来，生也好，死也罢，不过是生命形态的一种变化。庄子倡导的这种对待生死的态度看似洒脱，然而，如果要贯穿于芸芸众生整个生命历程里，实属不易。

　　面对死亡，庄子采取了豁达的态度，这是因为他顺应生命，既然古往今来谁也难逃一死，那么，死亡又有何可怕、有何可悲呢？在《大宗师》篇里，庄子讲述了这样一个故事：

　　有三位方外之人，他们分别是孟子反、子桑户、子琴张。这三人惺惺相惜、心意相通，将生死置之度外，三人结伴度日，成为生死之交。后来，子桑户最先死了。孔子闻讯，专程派学生子贡帮助料理后事。自贡到了那里，只见孟子反和子琴张二人席地而坐，一人抚琴，一人编着挽歌，对着子桑户的那具尸体唱着歌。歌声时而低沉，时而高亢："子桑户啊，子桑户啊，现在你已回归本真，我们还寄居在人世间。"

子贡听罢，心中大惑，问道："你们三人情同手足，如今子桑户先走了，你们还有兴致对着他的尸体唱歌，这合乎礼法吗？"然而，孟子反和子琴张却笑着说："你根本不懂'礼'的真意啊！"

子贡回到孔子身边，问他的老师："他们这么做，究竟是出于什么心思啊？"

孔子听罢，说："他们一心在世外遨游，我却一心拘泥于世内，我不应该派你去料理丧事啊！是我孤陋浅薄了。面对生和死，他们这些人早已没有边界，他们追求的是心神在天地之间自由遨游。对他们来说，身体这具外在的形骸已不重要。因此，一个朋友去世了，其他两人心中坦然，就像送他去远行一样。"

庄子讲这个故事，是为了告诉人们一个道理，那就是在生命的历程中，每个人都能以各不相同的形态存在下去。

在《大宗师》篇里，庄子还讲了一个故事：子来生病了，命不久矣。子犁去看他，只见子来的妻儿围在他身侧，痛哭流涕。于是，子犁上前对他们说："你们让开一下，不要惊扰到一个马上要大变化的人。"接着，子犁对子来说："上苍接下来会让你变成什么呢？是虫子呢，还是老鼠呢？"子来听罢，长吁一口气，说："夫大块载我以形，劳我以生，佚我以老，息我以死。"庄子借子来之口，用短短四句话道出了短暂的生命历程：天地造化之间，塑造了我的生命，赋予了我的形态。初来人世，就要让这个生命融入社会，经历人生，因此，"劳我以生"。纵观人的一生，往往要历经磨难，没有不受劳苦的。垂垂老矣，终于可以悠闲地安享晚年。然而，晚年的休息时光是短暂的，每个人最后的安顿是"息我以死"，只有死亡能带给人们最长久的休息。看吧，这就是每个人的一生。

说完这番话，子来安静地睡过去了。一觉醒来，却觉得浑身清透，缠身多日的大病也痊愈了。其实，这是庄子讲的一则预言，他以此来告诉人们：当一个人从内心深处将生命视为一场穿越的时候，死亡在他内心里也许就成了生的延续，死亡被超越了。

在《养生主》篇里，庄子还说过一番话："指穷于为薪，火传也，不知其尽也。"说的是，油脂在柴火上熊熊燃烧，油脂烧完了，柴火也燃尽了，然而，火却可以继续传下去，无穷无尽。庄子意在说明，人的身体和生命都是可以消耗光的，然而，人的思想却是可以代代相传的。在庄子看来，比起生命的延续，思想的传承更重要。

009

孔子：乐以忘忧，不知老之将至

《论语·述而》曰："发愤忘食，乐以忘忧，不知老之将至。"言下之意，我发愤读书，明白事理，以行仁义，甚至忘了吃饭与睡觉，高兴得把所有忧愁抛之脑后，甚至忘了会有逐渐老去这一回事。事实上，并非忘了老去的事实，而是无所谓老不老。孔子明白，任由谁也留不住时光。人在时光的流逝中成熟，时光的流逝也让人感叹不已。生而为人，无法享受无限的时光，然而，只要好好珍惜和享受人生有限的时光，就会收获无穷的回忆与快乐。

孔子说上述这番话的时候正当壮年迈向老年的过渡阶段，可以说是人生中最微妙的时期。那时，他四处漂泊，在列国周游，我们可以从这番话的语气里感受出一番夫子自道的意味，也就是孔子在向他人表白他为人处世的原则。这番话可能是他对某国的国君说的，也有可能是对他的弟子们说的，又或者只是为了自勉。

"发愤忘食"，只要有恒心和毅力，每个人都能做到。

"乐以忘忧"，做到开心快乐也并非难事。

然而，对于常人来说，"不知老之将至"绝非易事，大多数人都会受到生、老、病、死的困扰，每每念及"老"字难免想到"死"字，真真切切地意识到衰老和死亡正在一步步逼近。哪怕正值韶华的少年儿郎，伴随着对死的恐惧，总会有一种对生的恐惧油然而生。

这种心境是何其的复杂，他们既怕生，又怕死，对"老"字更是避之不及。然而，正是因为这样，他们以更快的速度衰老，因为恐惧总是让人老得更快。唯有心胸豁达的人才能悟透生死之间的玄机，视生命为一个自然更迭的过程，不必欢喜，也不必悲伤。

孔子的时间观大多在他对其他具体事件进行探讨时间接体现，他对时间的看法也比较复杂。

在看待过往历史时，孔子一般将时间视为破坏性因素。孔子所处的那个年代礼崩乐坏，他内心时时涌动着一种今不如昔的悲痛感。他对盛世圣人心怀仰慕，然而，他们所处的年代早已逝去。他对尧、舜、禹毫不吝惜溢美之词，他称文王、泰伯为"至德"，还发出"中庸之德也，其至矣乎，民鲜久矣"的感叹。在他看来，历史上确实有过盛世至德，然而，在他所处的时代却早已消失，这些美好的事物随着时光的流逝逐渐磨灭。他认为，从西周到春秋的数百年间，时间并未缔造功德，反而泯灭了至德；时间非但没有遗留稀世珍宝，反而让人们后患无穷。当然，孔子也认识到，并不是时间本身在起作用，而是社会随着时间的推移在变化着。

当把关注点从过去转向未来，从社会转向个人的时候，孔子有关时间的看法出现了两重性，他认为时间兼具创造性与破坏性。

孔子曾满怀豪情，许下一番豪言壮语："如有用我者，吾其为东周乎。"他坚信自己一旦有机会执政，必将让西周制度在东方重生。可见，他这时候是将时间视为从事创造性活动的前提条件的。他还说过，"一日克己复礼，天下归仁焉"，意思就是，只要以礼约束自我，在很短的时间里天下就能向善的方向转变。然而，对于当时的望族三桓，他又断言道："三桓之子孙微矣"，也就是他们的子孙会很快走向没落。对三桓家族而言，时间是具有破坏性的不祥之物。

放眼未来的时候，孔子认为时间的创造性与善行有关，时间的破坏性与恶行有关，他将善恶作为划分时间双重性的标准。孔子对治国平天下需要耗费的时间做了如下预测："苟有用我者，朞月而已可也，三年有成"，"如有王者，必世而后仁"，"善人为邦百年，亦可以胜残去杀矣"。也就是说如果让他亲自执政，小治只需一年，大治只需三年。王者则要耗时三十年，善人则要耗时百年。孔子素来以圣人自居，在道德上，圣人、王者、善人是从高到低的三个不同等级。可见，为善之人的等级越高，创造力也越强大，速度也越快。善行如此，恶行与时间的破坏性之间也存在着类似的关系。

《论语·为政》曰："吾十有五而志于学，三十而立，四十而不惑，五十而知天命，六十而耳顺，七十而从心所欲不逾矩。"讲述的正是他修身立德的践行过程。这段话反映的是孔子随着年龄不断增长而逐渐趋于成熟的各个阶段，每十年是一个阶段。在漫长的几十年光阴里，逐渐实现了个人的自立、自明与自觉。孔子明显将时间视为创造性因素，时间让他增长了知识，加深了见解，行动也步入自由之境。孔子对时间有着很深的感悟，因此，他也渴望拥有更多时光来实现自我修炼，"假我数年，若是，我于《易》则彬彬矣"。

第五章 | 不高估，亦不低估：
哲学这样看人性

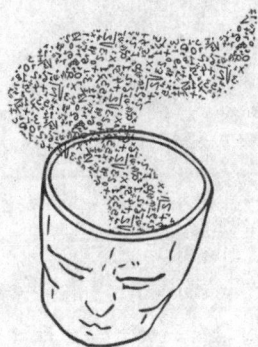

001

亚里士多德：人是天生的政治动物

亚里士多德在《政治学》中写道："城邦乃自由人的共同体。"在他看来，人与动物的区别在于，人天生就渴望着一种社会生活，也就是城邦生活。这里的城邦指的是国家。人一旦离开了社会，就不复存在，要么成为神，要么成为动物。

亚里士多德对国家的理解与柏拉图有所不同。柏拉图并没有将国与家严格地区分开来，他所提倡的理想国其实是一个和谐的大家庭，而这个大家庭的家长就是国王。亚里士多德所倡导的国家可以说是一个政治社团，相较于其他社团，它有两个重要的特征：其一，它是由平等的成员缔结而成的社会组织，任何不拥有平等身份的个体不能参与其中，比如儿童、奴隶等；其二，这个组织靠契约来维系，也就是说，社团的成员之间必须是平等的关系，不平等的人之间根本无法订立契约，与此同时，包括统治者和被统治者在内的所有公民都必须依照法律来处理社团里的各项事务。

国家之所以存在，是为了让公民过上优良的生活，而非一般的生活。依靠个体是不可能过上所谓的优良生活的，这种生活只有依托于国家才能得以实现。这种优良的生活并不是只属于其中的某一部分人，而是属于全体公民的，换言之，国家的最终目的是达到至善，也就是全体的善，这个国家得以组建就是为了所有公民的福利。对于任何一个个体来说，真正的至善就是拥有强健的体魄、一定数额的财富与良好的德行，三者缺一不可。而好的国家正是这种至善的幸福生活得以实现的场所。

亚里士多德认为，任何一个国家的公民都可以划分为三种，即富人、穷人和居于两者之间的那个阶层，即中间阶层。在他看来，中间阶层是统治理想国家的不二人选，他们有着富人和穷人所不具备的优势。他指出，富有的人拥有过多的财富，常常飞扬跋扈，很难服从于他人的领导或是遵守法律；贫穷的人往往出身卑微，很容易成为流氓、地痞、无赖，也并不知道要服从于法律。因此，这两个阶层的人一旦掌握了国家的统治权，都会最终让整个社会陷入混乱，并最终造成双方的对立，因为这些人往往是瞧不起对方的。而中间阶层统治国家则大有裨益：就德行而言，他们拥有一定的财富，性情温和，少有野心，是三种群体里最讲道理的人，也是社会中最稳定的群体。让这类人掌权，可以有效地调和富人与穷人之间的矛盾，在政治上行中庸之道，避免国家走向任何一个极端。

亚里士多德将国家的组成者称为公民，并指出公民有三种特点：第一，所有的公民都拥有参与政治的权利，否则就不是公民；第二，统治者与被统治者都属于公民，他们之间是平等的，而奴隶并不属于公民之列；第三，公民应该要具备一定的自由意志，一旦服从于他人的意志，就沦为奴隶。

而这样理想的国家要如何运转呢？亚里士多德对柏拉图所提倡的"哲学王"的观点持反对意见，在他看来，这种人治的方式根本无法实现真正的正义。正如他在《政治学》中所说："人是兽性的，无论是什么样的人，总是无法避免感情用事，而法治则是避免滥用感情的有效途径。法治以集体智慧为根据，而集体的智慧永远高于个人的智慧。"在亚里士多德看来，即使再英明的统治者也难免犯错，他的智慧根本无法与集体的智慧相媲美。集体的智慧可以与个人的智慧互为补充，从而尽量避免犯错。同时，他还进一步指出，法治要以保持臣民的判断力即自由意志为大前提，也就是说，臣民在法治中要承担起责任来。臣民一旦失去了自由的意志，就丧失了生而为人的尊严，也就沦为了统治者的奴隶。正如亚里士多德所说："这样的国家就不再是人的国家，而是兽的国家。"

002

弗洛伊德：无意识，生命的源泉

第一次世界大战对全人类都是一场浩劫，战争过后，人们心头留下了战争残酷的阴影，久久不能散去，这直接导致了西方世界人性的异化与信念的缺失。在人人自危的年代里，人们的精神世界也一度濒临崩溃。因此，第一次世界大战后各种精神疾病发病率陡增，心理学与精神病理学也随之快速发展起来。

奥地利籍心理学家西格蒙特·弗洛伊德是精神分析学的奠基人。经过长时间的临床实践，弗洛伊德创建了精神分析学。对于当时的人们而言，弗洛伊德的学说就如同哥伦布发现了那片新大陆一样，开启了对人类心理世界一个尤为特殊的新领域的探索。弗洛伊德所倡导的精神分析学说堪称是 20 世纪最具革命性的理论，直接推动了现代心理学的形成与发展。他对无意识运作机制进行了长期而深入的研究，并认为，它是人类精神心理最原始的因素，堪称是生命之源泉。

所谓无意识，其实是心理的一种表现形式。就人的层面而言，指的就是没有意识到或曾经意识到过，但后来因为某些外在因素的影响被逐渐中断，直至最终被扼杀。无意识的发展过程很漫长。就心理学史而言，弗洛伊德所提出的精神分析理论与无意识的概念紧密相连。但是，无意识并不是心理学特有的概念，在精神病学、哲学、法学、文学等学科里，也有这个概念。早在古希腊时期，哲学家柏拉图就曾谈及无意识问题，他以客观唯心主义为出发点，将无意识视为是"潜在知识"的一种观念上的形式，作为其他一般性知识的大前提而存在着。因此，在柏拉图的哲学体系里，知识只是回忆而已，并非其他。

弗洛伊德将人的意识分为意识与无意识两个层次，而无意识就"如同一个巨大的地窖，潜藏于意识之下，那里存储着各种被抑制的欲望"，其中自然也包括人天性里的各种本能与冲动。这些欲望也罢，本能也罢，并不符合道德、文明、法律与理性的要求，因而被压抑，无法上升到与意识并列的层面，也无法被直接感知到。我们之所以难以察觉无意识，是因为它只是作为一种能量而存在，并没有像意识那样依附于能为人们所理解的语言上。换言之，无意识与意识不同，它并不是一种明确的高级情感。

弗洛伊德将人的心理过程分为三个领域，即无意识（潜意识）、前意识与意识。他认为，就人的心理状态而言，意识是一种最高级的表现形式，它统治着人的精神世界，约束并指导着人的其他各项精神活动。所谓前意识，它是曾经属于意识范畴的一些思想或观念，与当前的实际情况并无太大关联，或者毫无关联，于是暂时被驱逐出了意识的层面，停留在意识层面附近，但是随时都能被召回。无意识又称潜意识，是人无法意识到的心理层面。弗洛伊德进一步指出，无意识其实是人们行为与心理活动之源泉。因为受到各种因素的约束，无意识无法真正显露出来，但是它仍旧存在，并在不知不觉中发挥着作用。

在弗洛伊德构建的理论体系里，意识与无意识是对立存在的。也就是说，无意识是各项心理活动的原动力，在不知不觉中支配着意识；而意识压制着无意识本能的冲动，并象征性地满足这种冲动。可见，意识是如此的理性而清醒，又如此的软弱无力；而无意识是如此的感性而混乱，又如此的强大有力。无意识是暗涌湍流，渴求着或直接或间接的满足，也决定着人的行为和心理活动，是人们一切意图的动力。可见，无意识在弗洛伊德构建的理论体系中占据着主导地位。在此之前，大部分心理学家主要致力于研究人类的意识，而弗洛伊德反其道而行之，认为潜意识才是心理学最主要的研究对象。弗洛伊德并不是第一个提出潜意识这个概念的人。在这之前，很多哲学家或诗人也提及过这个概念。但是，弗洛伊德把潜意识，也就是无意识，放在了比意识更为重要的位置上。他指出"潜意识才是真正的精神现实"。可见，在他看来，潜意识才是人类最主要的心理过程，精神分析理论也与无意识息息相关。

就文学艺术而言，弗洛伊德也指出，来自无意识的冲动才是文艺创作之源泉。非但如此，他还进一步指出，艺术家与精神病人在处理来自无意识的冲动与欲望时，其实遵循着一样的规律。正如他所说："艺术家与精神病人有着一种类似的倾向，他们总是反求于内。他们总是亦步亦趋地追随强烈的本能，渴望着权力、荣耀、名誉、财富和异性的爱慕；然则，他们没有满足这些欲望的有效手段。因此，他的欲望也难以被满足，他开始与现实脱节，将注意力转移到他所感兴趣的事物上，以满足这种幻念生活中的欲望。"

003

弗洛伊德：趋乐避苦，乃人之本能

随着弗洛伊德无意识理论与性本能观念的提出，他试图在之前的基础上有所突破，进而提出了快乐原则的理论假设。

弗洛伊德认为，人类心灵深处有一种强烈的倾向，那就是朝向快乐的原则，但是总有这样或那样的条件制约着快乐原则的实现，这样一来，其最终结果总是与人们所渴望的快乐倾向背道而驰。就心理结构层面而言，快乐原则与最初的操作模式是一致的，但是，它完全不能保护那些在外部世界陷入重重困难的有机体，对于生命个体而言，这无疑是很危险的。归根结底，快乐原则的操作机制是在长期保存性冲动的基础上建立起来的，即使人类文明不断地发展，但仍然难以教化和控制性冲动，因此，如果性冲动反复冲破人类理性的制约，就会对整个有机体造成影响。

显而易见，快乐原则指的就是本能的一种最初的形式，它最主要的内容就是努力实现本能的冲动并获取快感，这会对生命的最终目的产生巨大影响；但是，它所依托的个体从一开始就处于外部世界的危机之中，这也就决定了它从头至尾都在威胁着有机体的存在与发展，它注定了要为有机体所压抑，由此，快乐与痛苦就成了孪生兄弟。由此可见，弗洛伊德所谓的快乐原则并不像它的字面意思那样包含了追求快乐的积极意义，它的终极内涵是避免不快，因此，人们也常常称之为"快乐—痛苦原则"。接着，弗洛伊德又开始思考如何才能在不威胁有机体存在的安全的前提下尽可能地避免不快。为了解决这个问题，他又重新探索了另一个与快乐原则相辅相成的原则，即现实原则。

　　弗洛伊德在《精神分析论》里探讨了这个问题，他写道："受有机体自我保护的本能的影响，现实原则会代替快乐原则，区别在于快乐原则并不会放弃获取快乐的企图，但会延迟实现这种满足的时间，在那条通往快乐之路的漫长道路上错过多种快乐的可能性，并暂时地忍耐着种种痛苦。"也就是说，受外部世界的制约，有机体做出了妥协与让步，最终，快乐原则摇身一变，成了可以根据实际情况随机调整的现实原则，更加灵活，也更加安全。

　　可见，为了让有机体在外部世界继续生存下去，快乐原则不得不与外部世界进行协调，最终出现的现实原则就是这种协调的结果。在现实原则的影响下，有机体会克制快乐在强度和数量上的诉求，一边忍受着痛苦，一边以更加缓慢而稳妥的速度局部地满足着这种来自本能的冲动。因此，要想保障有机体的安全，就必将用现实原则代替快乐原则；换言之，虽然现实原则在一定程度上制约了快乐原则，但二者的本质是一样的。

　　最初，弗洛伊德认为这两种原则足以支配人的心理活动，但后来他发现，这两种原则并不足以构成所有的心理活动。用现实原则取代快乐原则的理论，只能解释人所经历的一小部分痛苦，其中并不包括那些最强烈的痛苦。

　　我们知道，当人们遭遇车祸、火灾及其他事故后，就会出现一种创伤性精神症。第一次世界大战结束后，各种精神疾病频发。那些经历过战乱的病人患上了创伤性神经症，那些痛苦的经历被压抑住了，病人甚至连那段经历中最基本的部分也想不起来了。医生希望病人只将那段痛苦经历视为过往人生的一部分回忆，然而，病人却将这些经历压抑起来，在潜意识里作为一种当前的经历，不断重复，不断地在生活中重现。

　　通过一系列的临床研究，弗洛伊德提出了一个大胆的假设：人类的心理活动中存在着一个强迫性的重复动作，而它是凌驾于快乐原则之上的。他在《精神分析论》里写道："毋庸置疑，这些强迫性重复动作让人们回想起了大多数事情，但它带来的不仅仅是不愉快的回忆，同时还释放了长期被压抑的冲动。可见，这并未颠覆快乐原则，对这个系统来说它意味着痛苦，与此同时，它对那个系统又意味着满足。"弗洛伊德又将快乐原则向前推进了一步，他认为"强迫性重复动作"是一种"超越快乐原则"的本能冲动，并最终为本能给出一个新定义："其实，本能是能伸能缩的，有的情景曾经确实存在，却因为外部因素的影响而最终消失，而这种本能的冲动就是致力于恢复这种情境。"

004

马斯洛：解密人的需要

在马斯洛看来，人的需要是一个有层次的体系，换言之，任何一种需要的出现都是以较低层次的需要得到满足为前提的。正如马斯洛所说："人是一种不断有需要涌现的动物，除了那些短暂的时间之外，极少处于一种完全满足的状态。满足一个欲望后，另一个欲望往往随之而来，占据人的内心。人几乎总是在希望着什么，贯穿于一生。"

在此基础上，马斯洛将人的需要分为五个层次：

生理的需要。这是人类最基础、最原始的需要，诸如衣、食、住、行、医疗皆在此列。如若这一层次的需要得不到满足，人的生命也会受到威胁。换言之，这是最强烈而无法避免的底层需要，也是人生而为人的最原始的动力。显然，这一层次的需要有着自我保护和种族延续的重要意义，是人类个体生存的前提条件。当一个人受制于生理的需要时，其他更高层次的需要都被推后。

安全的需要。当生理的需要被满足后，安全的需要也随之而来：人们都需要远离诸如恐惧、惊慌、痛苦等不安情绪，需要过着有规律的生活，需要感到所处的环境是井然有序的。我们经常能从儿童身上发现这种对安全的强烈需要，正如他们渴望着一切"公平、和谐、统一"的因素。一旦与之相悖，他们就会陷入焦虑之中。相较于儿童，成年人能更好地处理这种恐惧感，然而，成年后的人们仍有着物质、心理、精神等方面的安全的需要。

爱与归属感的需要。当一个人已经拥有稳定的住所和固定的收入，这意味着他已经具备适宜的安全感。这时候，他开始需要陪伴，需要在群体中寻找一个恰当而舒适的位置，以安放自我。如果这一层次的需要没有得到满足，个体会产生强烈的疏离感和孤独感，甚至是痛苦的体验。

尊重的需要。伴随着爱的需求而来的，是尊重的需求。马洛斯又将尊重的需求分为三类，即自尊、他尊、权力欲。在他看来，尊重的需求鲜少被完全满足，一旦基本上得到满足，就会产生推动力，让人保持持久的干劲。

自我实现的需要。马斯洛认为，这是最高层次的需要，通俗一点讲，就是"成为你所希望的那个人"。具体到每个个体而言，有的人可能希望成为一个温柔体贴的理想伴侣，有的人则希望在事业上大显身手，还有的人希望能向世人展现自己绘画或音乐方面的天赋，等等。就这一层次的需求而言，个体之间的差异最大。正如马斯洛所说："那些有着自我实现需求的人，似乎总在竭尽所能地让自己趋于完美。自我实现往往意味着要活跃地、忘我地、充分地体验生活，在此过程中实现自己的抱负。"可见，一个歌剧家必须演唱，一个画家必须作画，一个舞蹈家必须起舞，若不其然，他的灵魂永远无法宁静。忠于本性、实现自我，这是人类最高层次的需求。

任何个体的本能里都潜藏着这五种不同层次的需求，不同的时期里，不同的需求的迫切程度各不相同。一般来说，最迫切的需求往往就是激励个体付诸行动的原动力。

005

弗洛姆：自爱并非一种原罪

在很多人看来，爱他人是理所应当的，也是自然而然的。因此，最普遍的一种观念就是爱他人乃一种美德，爱自己却是一种原罪。也就是说，人很难做到像爱自己那样去爱他人，因此，自爱其实是一种利己主义。在西方社会，这是人们最普遍的一种观念。

法国著名神学家加尔文将自爱视为人类社会的瘟疫，弗洛伊德也尝试着从精神病学的角度出发来阐述自爱，但从某种程度上来说，他所持的观念与加尔文是一致的。他认为，自爱与自恋并无区别，而自恋是人类发展早期阶段的一种情感，但人们又倒退回这个阶段时，就不再具备爱的能力。如果任由自恋发展下去，人们就会趋于疯狂。

在弗洛伊德看来，爱情就是性欲的显现形式，而爱他人与爱自己两者间是存在根本性的排斥的。倘若自爱是一种罪，根据这个逻辑就可以认为忘我地爱他人就是一种美德。

弗洛姆却认为弗洛伊德的这套说辞存在逻辑上的错误，并在《爱之艺术》里进行了辩驳。他认为，爱他人与爱自己，爱的对象都是人，二者之间并无区别。因此，这两种爱要么都是美德，要么都是罪恶。正如《圣经》所提倡的"爱人如爱己"，可见每个个体都应该尊重自己的独特性与完整性，对自己的爱与尊重和对他人的尊重与谅解是密不可分的。

要使这个结论成立，我们就不得不谈到一些心理上的先决条件：我们感情上的对象既包括他人，也包括自己；我们对他人与对自己的态度并不是相矛盾的，而是和谐存在的。

由此可见，爱他人与爱自己并非一道二选一的选择题，恰恰相反的是，一个有能力爱他人的人，他一定是有能力爱自己的。爱自己与爱他人在本质上是息息相关的。真正的爱体现了一种内在的创造力，包括了关爱、尊重、谅解、责任等多重因素。爱不是一种冲动的情绪，而是以积极的态度促使被爱之人能获得幸福，而这一切都基于爱他人与爱自己的能力。

在弗洛姆看来，爱他人具体体现了爱的力量。倘若一个人只爱自己的家庭，却不能爱家庭之外的其他人，究其根本，他仍是缺乏爱的能力。要先爱某一个特定的人，以此为先决条件，才能爱人类；也就是说，对人类的爱是在对某些特定人的爱的基础上逐渐发展起来的。从这个角度来思考，自己同样作为爱的对象之一，而与他人没有任何区别。必须要拥有爱的能力，才能对自己的成长经历、幸福生活、性格特征等予以肯定态度，换言之，只有当你有爱的能力，能够关爱、尊重并谅解他人的时候，你才能做到自爱。倘若一个人具备创造性地去爱的能力，那么，他也势必爱着自己；倘若他只能爱他人，却不能爱自己，这也就意味着他并没有拥有爱的能力，或者这种爱的能力是不完全的。

关于自爱的观点，弗洛姆最终总结：诚然，说那些利己主义者没有爱他人的能力是绝对正确的，但正如他们无力爱他人，他们同样也无力爱自己。因此，爱他人与爱自己本就是并行不悖的。

006

斯宾诺莎：情感是主动的，还是被动的

斯宾诺莎是荷兰著名的哲学家，生于 1632 年，卒于 1677 年。他的一生短暂而璀璨，他为真理而献身，一生未娶。他有着高尚的品格和独立的人格，从不把金钱与权力放在眼里，堪称是近代社会的苏格拉底。

斯宾诺莎认为情感是归属于人性的，并给出了情感的定义："我将情感视为身体的情状，它能增强或减弱身体种种活动的力量，形成促进或阻碍作用，并影响身体情状的观念。"他试图从身体和心灵两个层面来探讨情感，认为情感是具有生理和心理的双重属性的。就这一点而言，他的观念与笛卡儿不谋而合。在《论灵魂的情感》里，笛卡儿也指出，情感可以划分为两种，即对外部事物的知觉和对自身身体的知觉，但同时指出，大部分的情感是关于人类心灵的知觉。可见，笛卡儿同样试图从生理、心理两个层面来诠释情感，因此，在他的观念里情感同样具有生理和心理的双重性质。但是，有一点值得注意，笛卡儿是在其交感论的基础上来探讨情感的，从而得出情感源自肉体与心灵的相互作用的结论；而斯宾诺莎是从他的同一论出发，认为同一身体的情状与观念都是情感。

在斯宾诺莎看来，与自然中一切事物一样，情感也是源于"自然那种同一的必然性"。因此，要探索情感的性质，就必须遵循最普遍的自然法则。然而，人类的情感是如此的复杂且多变，任何一个偶然性的因素都可能在其中发挥关键作用。然而，斯宾诺莎完全忽略了这方面的情况。他为情感下定义时，认为情感作为身体的情状，最重要的作用就是促使身体活动的力量变强或变弱。在他之前，笛卡儿曾试图用精气的变化来说明情感的缘起与变化，霍布斯也指出情感是受外界事物影响而在人体内部产生的一种运动，三者的观点其实是一致的。他们关于情感的观点多多少少都体现了一定的机械论，从而赋予了情感一些机械性的特征。

斯宾诺莎关于情感的一些思想是矛盾的，他一方面认为情感是被动的，同时又认为情感具有一定的主动性。他在定义中指出情感是身体的情状，那么，就如笛卡儿等前辈哲学家一样，他也认为情感是被动的。但是，斯宾诺莎的思考并未就此止步，他在给出情感的定义以后，又更深入地进行了阐述："无论是情感里的哪一种情状，如果我们能找到它发生的充分原因，这种情感就是主动的，如若不然，这种情感就是被动的。"斯宾诺莎伦理学的一个重要观点就是提出情感有主动与被动之分。这种观念是为了之后进一步阐述理智可以克制情感做铺垫。他认为，只有被动性的情感变为主动性的情感的时候，理智才能有效地克制情感。

我们由此可以看出，斯宾诺莎在定义情感时承认了它的被动性，后来又指出还有主动性的情感，而主动情感的产生完全源于身体与灵魂相互融合的人。然而，他并没有解释情感这种身体的情状是如何产生的。因此，他关于情感的定义和他之后承认主动情感的存在是自相矛盾的。除此之外，当斯宾诺莎给出情感的总定义时，他也完全忽略了之前定义中所提到的情感是身体的情状，而是认为情感是一个混淆的概念，当然，我们也可以认为此处的"混淆的概念"与前文关于情感的定义里"身体情状的观念"是一致的。因此，如果只是参照斯宾诺莎给出的有关情感的总定义，我们甚至可以认为，在斯宾诺莎看来情感只具备心理性质，而不再具备心理与生理的双重性质。

007

斯宾诺莎：情感是人性的所有物

在西方哲学史上，一些有宗教信仰的哲学家总是倾向于认为人性与情感是对立的，并认为情感是违背人性的，是人性的缺陷。古希腊时期，斯多亚学派就提出错乱源于谬误，情感源于错乱。他们认为欲望、恐惧、快乐、悲痛是人类最基本的四种情感，并认为它们与人性是彻底对立的。在此基础上，他们还认为，人们要遵循自己的本性去生活，不能丧失理性。芝诺是这个学派最著名的代表之一，他为情感下的定义流传已久，那就是"情感是灵魂的一种非自然、非理性的运动，也可以称之为过剩运动"。由此可见，芝诺也是承认人性与情感是完全对立的。

在古罗马时期和中世纪，欧洲那些基督教徒和犹太教徒都极力宣扬禁欲主义。《圣经》里就把人体形容为是用泥土修建而成的居住场所，并认为"灵魂处于这具腐朽躯壳的压迫之下"。在这些思想的驱使下，天主也发出命令："你应该抑制你的欲望，而非追随它。"不少宗教思想家竭力倡导禁欲。奥古斯丁是基督教著名哲学家和神学家，他就在《忏悔录》一书中讲述了自己冲脱了种种世俗的情感与欲望的束缚，转而投身上帝，并写道："我爱你（天主），究竟爱的是你的什么呢？我爱的并不是那秀美的外貌，不是短暂的声势，不是肉眼所偏爱的短暂易逝的灿烂或光明，亦不是爱伸手就可以触及、拥抱的肉体。我的天主，我对你的爱并非出自以上种种。我爱天主，一如爱我内心所拥有的光明、饮食、芳香、拥抱。"奥古斯丁以自己的亲身经历为例，劝说人们放弃对人世间种种美好事物的爱，转而去爱那些存在于人们心里并不受限于时间或空间的事物。然而，这些东西是如此的虚无缥缈，甚至根本不存在。

上述各种有关情感的认识都是片面的，甚至是错误的，斯宾诺莎对此提出了批判。他认为，"人们总是为种种激情所折磨，而哲学家习惯于把这些激情视为是我们因为自身过失而导致的邪恶。因此，他们不留情面地嘲讽、批判这些激情，为了表现得比其他人更虔诚，他们甚至还会借用神的名义来诅咒。他们认为自己的所作所为是神圣的，陷入一种不断称赞那些并不真实存在的人性和不断诋毁那些真实存在的人性的怪圈里，而他们还自以为是地觉得自己攀上了人类智慧的巅峰"。接着，他承认情感确实会引起人们心境的起伏与波动，甚至是不快，但它们绝不是人性的邪恶，相反，"它们属于人性的一部分，就犹如大气的本性包含了冷、热、阴晴雨雪、电闪雷鸣、风暴，二者从本质上并无区别"。

斯宾诺莎从不认为情感是人类本性的邪恶。就像上文所叙述的，他认为人是自然的一部分，人的心灵只是来自躯体的观念罢了。因此，心灵从未也不会力图摆脱腐朽的躯体，甚至心灵的第一要务就是肯定躯体的存在，因为这是心灵得以存在的基础。在他的哲学体系里，情感正是心灵与躯体沟通的媒介，心灵借助情感来对躯体或它的某一部分进行肯定。他进一步指出："每个个体莫不适其性，乐其生，但其所乐至生，自适之性并非旁物，正是个体所具备的观念或灵魂。"接着，他又在《上帝、人及其幸福简论》里写道："所有好的情感都有一个共同的特征，那就是如果没有它们，我们就不能存在，亦不能继续存在。因此，我们从根本上拥有着它们，这些情感包括爱、渴慕、欲望乃至所有关乎爱恋的情感。"我们从中不难看出，在斯宾诺莎看来，情感与人性并不矛盾，它只是源于人性的一部分，而人的存在与继续存在都离不开情感，只是要对不同的情感加以区别。

008

休谟：习惯，人生最伟大的指南

大卫·休谟是英国 18 世纪著名哲学家，他曾经在驻法大使馆当秘书，后来官运亨通，一路升迁至副国务大臣。他一生醉心于哲学研究，终身未娶。他在 30 岁之前就完成了自己的代表作——《人性论》，但是当时这本书并未在哲学圈子里激起太大的水花，直到日后才逐渐为人们所知。

休谟所探讨的人性涉及的内涵比较广泛，包括了人的知识和人的本质，之后才涉及更贴近人性的那些领域，比如情感、道德、欲望等。

最初，休谟对人关于世界认识的构成及其来源进行了比较系统的考察。他认为，知觉就是人的认识，它又可以分成两类，即印象和观念。所谓印象，就是最初源于心灵的各种情感、情绪、感觉等；所谓观念，则是前者的摹本，也就是说，当心灵产生某种印象后就会留下复本，我们称之为观念。可见，有了印象，才有了观念，印象可以说是构成人们心灵世界的最基本部分。以各种印象及其互相的关联为基础，人类的整个知识体系由此建立，所有知识都源于印象，也就是经验。然而，我们并不知道印象是如何产生的，也许它们都是由于某些不为人知的原因所引起的。

休谟所构建的整个思想及理论体系基本上就是以上述思想为基础的，而他后续对人性论进行的探讨也是对这一思想的进一步推演与应用。

必然性和因果关系是人们整个知识体系里最根本的原理，是其他一切知识的基石。但是，休谟对上述观点提出了质疑，他并不认为事物在本质上具有必然性或因果关系。这里所指的必然性或因果关系其实就是理性。

以此为出发点，他认为人类的情感与道德无关乎理性，而是以感觉为依据。人们根据自己的主观感受确定了善与恶的标准，善是那些能让人们感觉到快乐的，而恶是那些能让人感觉到痛苦的。如此来看，人性的本质就是自私的，人人都为了追求那份属于自己的快乐，也就是所谓的善。

同情与比较是人性两条最根本、最伟大的原则。就同情而言，人性本质上是自私的，但在某种程度上依然遵循着同情的原则，倘若某个人或某件事能让他人感到快乐，我们也会自然而然地萌生好感。这就是为何千百年前人类社会的成员就开始称赞公益事业，这其实是因为公益事业本质上是一种建立于快乐感受上的利他性。相比较而言，它与同情截然相反，如果我们将自己的快乐或痛苦与别人的进行比较，我们会因为别人的痛苦而感到快乐，我们也会因为别人的快乐而感到痛苦。

在休谟之前，理性世界观是很传统的，休谟的种种思想无疑为那个有些枯燥的世界提供了一个突破口。正如他所指出的，理性也有着自身的局限性，不应该将其作为衡量一切标准的观念。休谟的这些观点对康德产生了直接而深远的影响，也深刻影响了现代西方哲学。

总的来说，休谟的观点给了后人两方面的启示：第一，所谓的客观真理其实并不存在。如果我们仔细考虑一下真理的含义，就会马上了解这一点。说到底，真理也是人们认识的一种，甚至只是少数某些人或某个人在某一刹那的认识，因此，真理其实也局限于个人或少数人认识上的局限性。没有人能全面洞悉某件事物，因此，人们对于事物的认识就很难完全与事物本身的性质相吻合，只是一种相似性罢了。第二，人们的各种行为源自习惯，而非理性的思考。我们不妨仔细考量一下人们的各种行为，其中出自理性思考的行动占据多大的比例呢？一旦某种行为固化下来成为习惯，就从某种意义上获得了真理性，再也难以改变。就这个层面而言，习惯即是真理。

009

马基雅维利：人性恶，立法的前提

　　人性的善恶其实是一种具象的社会评判。人性论在马基雅维利的哲学思想里占据着重要地位并素来为人们所关注，但同时也引起了很多误解。值得注意的一点是，人性中有恶的因素，这是立法的时候必须设定的一个大前提，但是不能把恶的人性或人性之恶与人性本恶之间画上等号。

　　在《史论》第一部第三章里，马基雅维利这样写道："倘若人们意欲建立国家并设立法律，就必须先承认人性之恶，一旦有机可乘，人类的恶之本性就会暴露无遗。如若恶的本性一时之间并未显露，那一定是出于某些未可知的原因，或是没有得到一个宣泄的机会；但是，时间会揭开一切谜题，人类的恶之本性迟早会暴露。"

　　很明显，马基雅维利是针对设立法律的大前提来谈论人性中恶的本性的。换言之，任何立法者都必须先假设人们都拥有恶的那一面，而立法的目的就是为了尽可能地阻止坏事发生。马基雅维利在人性论里所揭示的思想对后来西方的政治、法律产生了深远的影响。

　　其实，马基雅维利针对人性所提出的看法与后来人们对他思想的解读，即人性本恶相去甚远。人性之恶和人性本恶之间有着本质上的区别，后者是对于全部人性所做出的一个定论，与马基雅维利的思想大相径庭。在他看来，人性其实是一种自我保护的本能，它与不同的意识联系在一起就会呈现出各种特性。在马基雅维利的哲学体系中并没有刻意研究任何一般的人性。在他看来，人性并不是抽象的理论问题，也不是驱动少数人努力追求完善人格的内在动力。善和恶等人性都是具体的。马基雅维利主张从更加现实的层面来看待人性问题，它只是人类出自本能的一种自我保护意识，这种保卫自身的力量存在于每个人身上。

纵观西方思想史，人们总习惯于在精神层面上谈论那些抽象的东西，诸如"高尚而伟大的精神"等。然而，如果回归到现实社会的层面，我们就不能简单地将人性归纳为一种单一的特性。善与恶都是人性的一个侧面，而且人性是多面的，并不局限于善或恶。在马基雅维利看来，人性是多样的，人性与人的意识之间相互关联，它们谁也控制不了谁、谁也决定不了谁，但二者一旦发生关系就会有多种变化随之产生，从而引起各种不同的社会后果。比如，在他看来，"崇高而伟大的精神会促进人与人之间的和谐友谊，而对名利的贪婪则会让人性扭曲，呈现出种种卑劣的形态。"他认为，如果没有法律的规范和引导，人性根本无所谓善恶或对错。人性中的善或者恶，不过是人们通过法律的形式在现实社会对人性进行的一种认定。

此外，善与恶总是在马基雅维利的理论体系中相辅相成，也就是说，现实生活中的人性往往是多种因素共同激发的。《美妙的愚蠢》是马基雅维利的一篇诗作，他在其中写道："善跟随着恶，恶也跟随着善，这是永恒不变的规律。"他还指出，当人们致力于追求善的时候，恶往往也相伴而来，除非命运在暗中相助，否则人们很难将人性中恶的因素剔除干净。换言之，恶的力量经常在人性里占据着主导地位。

我们从上文的论述中可以发现，马基雅维利的思想体系里的人性是多样的、不确定的，与此同时，人性之恶拥有着巨大的能量。正是基于这些观点，人需要有理性的思维，还需要有立法者的指引，必须用法律来治理国家。为了保证社会的和谐稳定，政治家不能顺应着人性来治理国家，必须遵循理性与现实政治的要求来引导人性走上正途。

010

培根：如何改善人性

在培根看来，人的天性是善或恶并不那么重要，重要的是如何养成善性。每个生命个体都是偶然降临到人世间，人之所以为人要有两个基础：第一，他拥有作为人的先天质地，并被后天环境逐渐雕琢；第二，人是自觉自为和后天环境雕琢的共同作品，前者指的是自我修养，后者指的是社会教育。可见，人与环境是相辅相成的，环境在改变着人，人也在改变着环境。

培根指出，人是理性的，自我约束是人性的重要组成部分。一般而言，人处于复杂多变的环境中，这样的环境既可以教人向恶，又可以教人向善，纵然人的善与恶可以隐藏起来，但行为却终将暴露善、恶的人性。如果人们一心向上，那么他们就必须想方设法剔除掉品性中不良的部分，这非坚毅、勇敢之人所不能为，同时还要掌握一定的克服技巧。比如说，虚荣、妒忌、多疑、愤怒、懒惰等都是根植于人性的顽劣部分，这一切的劣根性都会时不时地跑出来搅局，阻碍善性的发展，甚至还会产生各种恶劣的影响。因此，如果不克制、改善这些劣根性，人最终就很难成为一个对社会有用的人。正如培根所说，修炼人生是生命过程中必不可少的一堂课。

人的本性往往深藏不露，虽然在漫长的人生过程中可以竭力克服，但往往很难从根上彻底清除。如果强行压抑人性，效果往往适得其反，它甚至会以更激烈的方式冲破束缚。因此，改善人性要懂得循循善诱。培根提出了五种改善人性的方式：

其一，要设立适中的目标。在训练并改善自身的时候，要设立合适的目标，目标不宜太高或太低。如果目标太高了，就很难真正达到，往往会让人产生挫败感；如果目标太低了，对于改善人性的意义就不大，也不利于激励自我。

其二，要遵循循序渐进的原则。其实，人往往就是自己人生面对的最大劲敌，完成对人性的重塑其实就是自己战胜了自己，克服了人本性的顽劣部分，并由此塑造了更趋于完善的人格。这不仅需要勇气和毅力，更需要端正自己的人生态度。在这个过程中，避免不了要进行各种细枝末节的实践，只有点滴积累才能最终成功。当然，那些人群中最优秀的个体往往拥有强大的毅力和决心，他们能比别人更快地达成既定目标。

其三，有时候不如反其道而行之。培根称之为"让天性反用其极"，在不过度的情况下，这不失为是一个好办法。

其四，有张有弛。有时候目的性太强则过于功利，不会收获好的结果，在改善人性的过程中亦是如此。因此，在合适的时间以一种合适的方式去做则取决于个人的智慧，灵活、机动、有效率是完成人性改善的关键。从一开始就要接受自己不是完美无缺的，正如培根所说："趁着自我训练的间隙可以稍微放纵一下，在紧张的训练中要适当休息一下，否则持续的、高强度的训练会像承受着高大建筑物的钢筋一样，时间长了很容易断裂。甚至，即使养成了某种好的习惯，又在不知不觉中埋下了另一颗恶的种子，岂不得不偿失。"

其五，要警惕人性本身，有时候我们会自认为已经克服了人性中最应该也最容易克服的那个方面，然而，它只是被压抑了，而非被消灭了。因此，一旦碰见机会，它就会立刻复苏，因此，"可以避开那些不良场合，甚至可以在不良场合下训练自己的自制力与意志力"，"个人的私生活领域的环境最为宽松、舒适，可以让人忘掉所有的戒律，因此，天性在这样的条件下也最容易死灰复燃"。但是，处理环境与天性的关系时也要注意：如果自己不能克制，就所幸摆脱熟悉的旧环境，或者寻求他人的帮助，在他人的监督下训练；如果这种较宽松的私人环境有利于人性的改善，就顺其自然。

　　培根将善与恶比喻为芳草和杂草，并指出"要适时浇灌芳草，也要适时清除杂草"。其实，培根为人们制定了一个功能强大的图谱，以完成人性的修炼，让人们以更加快捷的方式找到自己所需要的东西。其实，改善人性是以人的自我意识为基础的，是人之为人的一种自发的自我超越，它的最终目的并不是成为某类人，而是成为人。修炼人性就是在心灵这个博弈场展开的一场自我博弈，在几次三番的反省与自我辩证过程中最终走向人生的圆满。

011

克尔凯戈尔：公众是虚伪的，个人是软弱的

人生转瞬即逝，有限且不可重复，因此，我们不能眼睁睁看着生命流逝，而应该体验它，在有限的生命中感受每个瞬间，体会其中最真切的内容。诚然，人生是一系列独特的体验串联起来的。

索伦·阿培·克尔凯戈尔认为，"世界是虚无的"，言下之意并非世界是不存在的，而是说世界并没有为任何人规定其存在的意义；他说，"人是自由的"，并不是说人可以随心所欲、肆意妄为，而是要为自己做出的独立选择承担责任。克尔凯戈尔将人们对世界的态度总结为三种，将其称为人生道路上的三个不同阶段。首先，是审美阶段，审美指的是能够直接迎合并满足感官需求的东西。对于审美阶段而言，生活的首要目标就是及时行乐，在最大程度上满足感官需求。然而，人们的欲望难以满足，获得的欢愉总是短暂易逝的。于是，当人们处于审美阶段时，他们总是在挫折与厌烦这两种状态里转换。欢愉中的珍馐美味如同嚼蜡，苦恼慢慢滋生，开始庆贺它们的胜利。试想一下，一个人沉沦于肤浅的快乐中，兜兜转转，他就注定不会领悟生活的真谛。审美的人执着于追求外物，而不知返璞归真，被外物牵着鼻子走，而沦为外部环境下的牺牲品。总有一天，梦寐以求的事物随风而逝，人们陷入无穷无尽的烦恼里，也许，这种烦恼的感受能让人们惊醒过来，开始追求另一种生活。

其次，是道德阶段。有道德的人应该清醒地认识到善恶的标准远远比苦乐的标准更重要。换言之，他不再从苦乐的层面而是从善恶的层面去看

待生活、选择生活。有道德的人根据行为准则履行各项义务，他具有正直、克制、善良的美德。他意识到，人们一旦失去这些美德，生活也随之变得冷酷无情、毫无意义。然而，处于道德阶段的人们并不能与感性生活完全决裂，他虽然远离酒池肉林的堕落生活，但是，他还在苦苦寻觅人生最终的归宿，并陷入无尽的彷徨与困惑里。

最后，是宗教阶段。在挫折和厌恶的纠缠下，人们会从审美阶段步入道德阶段，对处于道德阶段的人来说，他们如若不能圆满地完成义务，就会倾向于转向宗教信仰。

就审美阶段而言，人们按照苦乐的标准来评价生活，到了道德阶段，人们则以善恶的标准来审视人生，处于最高级别的宗教阶段下，人们依照包括犯罪、救赎等一系列宗教标准来判断生活。在该阶段下，人们不再受缚于各种物质或世俗的束缚，摆脱了道德准则的约束。这时候，人们作为一个个独立的个体赤裸裸地呈现在上帝面前。然而，任谁都未曾见过上帝，他是否真的存在？克尔凯戈尔这样写道："每当我想到这个问题，我的内心就开始迷茫。"然而，他仍坚信上帝是存在的，并具有某种神秘色彩。在他看来，只有成为真正的基督徒，人生才能达到完满的境地。

就这三种生活方式来说，在克尔凯戈尔看来，后一阶段总是比前一阶段更高级，但是，它们并不是人生按顺序选择的三个阶段。也就是说，人们可以自由地选择其中的一种生活方式，也可以从其中一种生活方式转向另一种生活方式。当一个人倾向于审美的时候，他就会过上声色犬马的生活；当一个人追求道德境界的时候，他就会成为真正有德行的人；当一个人沉迷于宗教生活，他就可能成为虔诚的基督徒。

总而言之，人们的存在可以由自己自由选择。然而，让人遗憾的是，大部分人不愿意独立选择自己的生活，正如克尔凯戈尔所说，"大多数人像小学生那样总结自己的生活，他们从书本上抄袭答案，用来蒙骗老师，却从来不靠自己解题"。事实确实如此，大多数人都会受公众舆论的影响，据此来选择和决定。在克尔凯戈尔看来，他所处的时代尤其重视公众意见，却全然忽视了个人的特殊性。人们如此重视公众的意见，为了迎合大众的需求，甚至连基督教教义也被重新加以诠释，这一点尤其让克尔凯戈尔不可思议。久而久之，所谓的公众舆论一跃成为真理的同义词，这让他忍无可忍。

被雇佣者精耕细作，让田地丰收；而被雇佣者则在利益的驱使下埋头苦干。

第六章 | 如何做正确的事：

哲学这样看道德

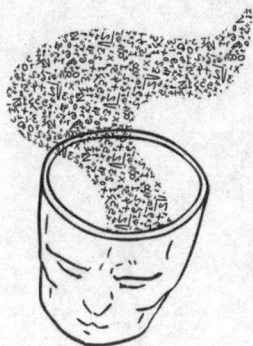

001

柏拉图：至善，犹如太阳

公元前 5 世纪时，雅典城邦里出现了一系列的问题。在《理想国》一书里，柏拉图针对这些问题拟建了一个理想化的国度，其中涉及该国家政治、经济、文化、教育等方方面面。一开篇，《理想国》就从正义这个角度入手，通过描写苏格拉底与其他哲学家之间展开的辩论，虚拟了一个全新的统治者。这个统治者有着健壮的体魄和良好的音乐素养，极富哲学素养，尽心尽力地守护着他的城邦。而生活在城邦里的每个人都恪守本分，和谐共处。《理想国》所描述的这派理想图景就是柏拉图终其一生所追寻的理想，他为此倡导治国者认识关于善的理念。

在《理想国》第六卷，柏拉图就开始探讨何为善。只不过，柏拉图认为，自己当时尚且无法准确地为善下一个定义。他写道："我担心我的能力尚不足够，单靠着一腔热情，画虎不成反类犬，反而是闹了笑话。若想把我此刻心中细细琢磨的想法解释得一清二楚，对我来说当下还很难。我如何付诸努力，都还难以办到。"于是，柏拉图另辟蹊径，先谈论了那些看上去与善类似的东西，他称之为"善的儿子"。在柏拉图看来，光是一种奇妙的物质，它将视觉与可视的世界紧密连接起来，而来自太阳的光让人类能用眼睛更好地看万事万物，也能让万事万物更好、很容易被看见。于是，柏拉图用这个生动的比喻来向人们说明在其所处的这个可以感知的世界里，善所处的地位和所发挥的作用。至善的真理在照亮人的灵魂的同时，也带给了人们光明，让人们能更深刻地体会到这个世界的源泉，那就是善。

可见，柏拉图所提倡的善的理念能让人们产生认识这个世界的能力。正如柏拉图在《理想国》里写的："太阳让我们能看清这个世界，还促使诸多事物随之产生、成长并获得养分，虽然太阳本身不是产生。"换言之，善赋予了世间被认识的种种事物一种可知性，而这些事物还从善那里获得了它们的存在与实在。可见，善本身并非实在之物，但是比起那些实在的事物，它的地位和能力都远远在其之上。

唯有那些灵魂达到至善境界的人们，他们才能成为真正的统治者。正如柏拉图所说，只有那些有着良好的天赋与品性的人们，在接受了良好的教育之后，才能靠理性获得善的理念这种可知世界里最高等级的知识。然而，这一部分人往往是人群之中的极少数。因此，只有当理性在灵魂深处占据一席之地时，那些极少数人群才能认识并理解善的理念，而这些人往往有着惊人的记忆力和理解力，生性豁达、温文尔雅、追求真理，并具备勇敢、克制、正义等种种美德，堪称真正的哲学家。唯有这种人，才能成为城邦真正的统治者。

究其根源，柏拉图之所以不厌其烦地阐述种种关于善的理念，都是在为建立一个正义的城邦做铺垫。唯有那些将善的理念根植于心的哲学家，才能治国齐家，让整个城邦井井有条，带领着人们走出人性的困境。在理想国里，权力与智慧完美地结合，在和谐、稳定的正义城邦里，善的理念光芒普照。

$$\overline{\underline{002}}$$

亚里士多德：公正是最完善的品德

在众多品德之中，最受人们青睐的要数公正，它被人们摆放在很高的位置。在亚里士多德看来，众多品德里，公正是唯一关怀他人的善。不公正的表现可以分为两种，即不公平或不守法。相应地，公平则表现为公正或守法，一般情况下，人们习惯将公正与公平画上等号，当人们遭遇不公平的时候，往往会诉诸法律这个第三者。因此，作为法律的裁决者，应该时刻彰显公平的原则。

在亚里士多德看来，各种品德里，公正是最重要的，它汇集了一切品德的美好，比天上的星辰更闪耀。公正是趋于完满的品德，人们一旦拥有了这种品德，就能以德性对待他人。芸芸众生之中，很多人都能以德性善待自己，对待他人却不能始终如一。正如毕亚斯说的，"男子汉表现在领导之中"，作为领袖人物，必然要关怀他人。

在诸多品德之中，公正是真正关心他人的善，它与他人息息相关，以领袖或同伴的身份为他人造福。最邪恶的人，不但有损于自己，更有损于亲友；而最善良的人，不但以德性对待自己，更以德性对待他人。人世间最困难的事情就是待人以德。在亚里士多德看来，公正绝不是品德的一部分，而是品德的全部；相应地，不公正也绝不是邪恶的一部分，而是邪恶的全部。

在亚里士多德看来，从某种程度上来说，公正是一种比例，不公正则意味着有悖于这一比例。不公正的人占的比例多了，更多的人遭受不公正的待遇，他们的利益也被瓜分。在作恶事这方面则相反，相比那些大的恶来说，小的恶在比例上可以被视为善。因此，在作恶的时候宁小勿大，在为善的时候则宁大勿小。

人们一旦陷入喋喋不休的争论之中，就会向裁判者求助。裁判者被视为公正的代名词，求助于裁判者，就是寻求公正。从某种意义上来说，诉诸裁判者就是诉诸中间，有时候，人们称裁判者为中间人。也就是说，一旦达到了中间状态，也就获得了公正。可见，公正有某种中间意义，裁判者也因此成为中间人。裁判者让一切回归公平的状态，就好像面对一条分割不均的线段，他从比较长的那条线段里取出一部分，添加到比较短的那条线段上，从而平均分割这条线段。正如亚里士多德对公正的诠释，"按照算数比例，公正处于大和小的中间。"因此，公正意味着平均分配，有的人也因此将公正称为评分，将裁判者称为仲裁人，对分配的情况进行仲裁。

此外，亚里士多德多次强调，做任何公正的事情都必须以自愿为前提。一个人遭受了虐待并施以报复，不能认为他做了不公正的事情，然而，一个人伤害自己，他就既是受害者又是施害者。此外，在某些情况下，有的人也许会自愿接受某些不公正的对待。此外，除非某些不公正的事情真的发生，否则谁也不能任意指摘他人是不公正的。

003

亚里士多德：完备的德性，至高无上

在亚里士多德看来，在道德范畴中有一对重要概念，即广泛道德水准和与之相应的至高无上的德性。他认为，人群中只有少数身居高位的人才真正拥有至高无上的道德。后世的基督教哲学家也继承了这一观点，正如马丁·路德所说："一个人一丁不识不会被人嘲笑，但是，他的粗俗无礼却会让全城人笑倒。"

谈及社会道德，哲学中常常涉及广泛道德水准这一概念，亚里士多德很认可这种说法，他也认为社会道德水准是完备且让人满意的。在伦理学中，亚里士多德最先谈及政治学投影问题。在探讨礼让问题时，亚里士多德指出，良好的社会体制总能解决相应的伦理问题，比如说，它可以要求社会内部成员按照其地位完成分配事宜：地位高的人理应获得最好的东西，地位低的人应该对次品心满意足，而他们为城邦的付出决定了他们的地位。

在《申辩篇》里，柏拉图借苏格拉底之口说道："先知说，我从没见过一个正直的人去讨饭。"但是，在亚里士多德看来，善良的人得到的一切与他的德性是一致的，不会太多，也不会太少。换言之，富人或穷人在德性上必然是有所缺失的，因此，他们才收获了并不相称的财富。这一逻辑很荒谬，显然是用收入作为标准来衡量德性了。

在《伦理学》一书中，亚里士多德阐述了那些身居高位的人具有至高无上的德性的事实。那么，怎样的人才是真正有德性的人呢？有德性的人的存在又有何意义呢？对此，亚里士多德的回答是："道德的意义是那些人在理性的驱使下付诸行动，它最为难能可贵的一点是选择过一种有意识的生活，在可能的各种途径中选择最恰当的那个目标。"可见，他尤其关注"目的""意志"这些命题。

在亚里士多德看来，道德是抵达至善的唯一途径，就像柏拉图所说的，只有以道德为媒介，才能"收获哲学带来的洞见的快乐"。具体而言，德性在亚里士多德的哲学理论里有两重含义：第一，它是实现幸福的重要手段；第二，它是人们在现实生活中重要的行为内容。以此为基础，亚里士多德进一步将德性的含义阐述为两个方面，即理智的德性和行为的德性，前一种代表目的，后一种代表手段。

004

马基雅维利：政治是非道德的

马基雅维利是文艺复兴时期最受人瞩目的政治家、思想家，开创近代政治哲学之先河。他在《君主论》里主要阐述了政治非道德的观点，后人将其称为马基雅维利主义。

马基雅维利对政治史进行了深入而细致的考察，他发现那些政治家到了关键时候经常抓不住事物的本质，搞不清楚究竟什么才是最关键的，其结果往往是丢了西瓜，捡了芝麻。良机转瞬即逝，最终酿成大错。

那么，对于政治家来说，到底应该把什么摆在最重要的位置呢？答案很简单，那就是权力。纵观漫长的历史长河，但凡洞悉了这一点的人，最终都会战无不胜，成为真正的赢家。那么，为什么权力应该放在第一位呢？因为政治界就是一个血腥的角逐场，没有权力，就会粉身碎骨，最终失去自己的生命。因此，真正的政治家早早就认清了政治的本质，绝不会受缚于那些时下的流行观念。他深知，权力才是所有行为的核心，一切阻碍自己获得权力的事物都应该彻底清除掉。真正的政治家绝不会把爱情、友谊、道德、财富等放在凌驾于权力之上的位置。在权力面前，其他一切事物都只是工具。也就是说，权力才是目的，其余的都是手段。

马基雅维利指出，作为君主，就必须学会以罪恶为手段，而不能害怕被人们谴责。当然，这并不是说身为君主就可以为非作歹、草菅人命，这并不是真正地以罪恶为手段，而是罪恶被滥用了。因为一旦君主以这种形式利用罪恶，他的好日子也就过到头了。所谓以罪恶为手段，指的是如果某些问题不以罪恶为手段就不能解决时，就不能心软，也不能瞻前顾后，而要当机立断。背后的道理说起来也很简单，如果有些问题不通过罪恶的手段就无法解决，那肯定是越早利用效果就越好，一旦失去了良机，最终只会陷入被动。

他还指出，作为君主，要懂得将道德作为工具。人们普遍认为，君主应该是道德的典范，然而事实上很难有人做到。君主不可能永远不做坏事，只做好事，倒不如放手去做坏事，还能在危急关头挽救家国。诚然，君主确实可以化身为道德的典范，兼具各种美德，但是他要牢记一点，那就是必要的时候他必须放手一搏，毫不犹豫地把这些美德的光环抛开。

马基雅维利还提醒君主，当必须加害他人的时候，不可拖泥带水，一定要干脆利落地一次性完成。若不如此，既增加了受害人的痛苦，又让民众觉得你享受这种施暴的感觉。

但是，如果是给他人好处呢？马基雅维利的答案是，那就要采取与施暴完全相反的策略：予以他人恩惠的时候要放慢节奏，慢慢来。他在《君主论》里苦口婆心地告诫君主，要牢记政治上永远没有可靠的朋友，那些人之所以承诺愿意为你赴死，是因为死亡还没有降临到他们头上来；如若死亡真的降临，他们中间恐怕没有几人愿意一起与你赴死。政治的本质就是由利益组成的一条条链条，这些友谊靠各种利益交织在一起，是很不可靠的。因此，予以他人恩惠时不能太慷慨，只有永远不要彻底满足他，吊着他的胃口，他才会永远依附于你、听从于你。

接着，他又提出，如果二者只能择其一，君主宁可吝啬，也不要慷慨；宁可残暴，也不要仁爱；宁可为民众所害怕，也不要为民众所拥戴。原因在于，就人的天性而言，他们更有胆量去冒犯一个人人拥护的仁爱的君王，而不敢去冒犯一个人人害怕的暴虐的君王。

同时，马基雅维利还说，君主要懂得扮演好狮子和狐狸这两种角色。之所以让君主扮演狮子，是为了将那些贪婪的豺狼吓跑；只有人们对君主心怀敬畏时，才不敢随意地冒犯他。然而，君主只拥有狮子的威猛是不行的，政治就是一片陷阱重重的角逐场，因此，君主必须向狐狸学习，变得狡猾而多疑，才不至于掉入他人设下的陷阱之中。当君主将这两种政治上的艺术运用得驾轻就熟的时候，人们就会畏惧着他，同时也敬爱着他。这类君主在人们心中是真正的明君，会世世代代为人们所称颂。

005

罗素：善的伦理观

亚里士多德的伦理学对现代伦理学产生了深远的影响，功利主义伦理学也在此列。功利主义伦理学的核心观点是"一个人之所以付诸行动，其目的是获得最大程度的幸福"。罗素就是功利主义伦理学的代表人物之一，他曾说："我们应该以产生最小的恶与最大的善为行为准则。"

那么，真正的善究竟是什么呢？在罗素看来，"如果一件事物因其自身而非结果产生价值，那么它的本质就是善的，我希望在使用这个术语时产生的效果亦是如此。"罗素关于善的看法或多或少受到了亚里士多德关于善的观点的影响。然而，罗素还指出："有时候，我们不得不对某些事态是否应该存在做出选择或判断，这时候，我们首先要考虑的就是它会带来什么结果。"这是罗素的思想里特别强调的"效果论"，在他看来，人们在付诸行动前必须区分清楚目的和手段，不可将二者混为一谈。以残忍的行为为例，当它作为一种手段的时候，它会给受害方带来痛苦，它就是恶的；但如果它没有给受害方带来痛苦，那它也就不是恶的。

接着，罗素指出，任何一种事态及其结果都存在着一种内在属性，在它的影响下，我们会根据具体情况做出判断，最终选择或放弃这一事态。当这是一种善的属性时，人们往往会有选择它的倾向；当这是一种恶的属性时，人们往往会有放弃它的倾向。罗素也不确定这种内在属性究竟是什么，但是人们正是基于这种属性才产生了不同的倾向性和欲望。

罗素试图以欲望为切入点来界定善的含义。如果人们没有欲望，就丝毫不会关心包括自己在内的一切事物，也不会试图延续快乐的感受或摆脱痛苦的感受，自然也不会产生善或恶这些彼此对立的伦理观念。因此，在罗素看来，必须以欲望为出发点来探讨善的本质。他写道："一个善的事物是可以满足欲望的，也就是说，真正的善就是满足欲望。"他认为比起其他人给善下定义，善的这个定义显然与人们的伦理情感更加相符。接着，他还指出欲望有正当和不正当的区别，前者能与其他欲望和谐一致，而后者则会让其他欲望得不到满足。

罗素又把普遍意义的善缩小到个体意义的善，指出"我的善"就是"满足我的欲望"。每个人对善有不同的追求，因此，当人们追求不同的善的时候，冲突也就产生了。他还对普遍的善和部分的善做了区分：前者是满足人类全体的欲望，后者是满足一部分个体的欲望。由此可见，人与人之间的善可能是矛盾的，这个群体与那个群体之间的善也可能是矛盾的，而普遍的善与部分的善也可能是矛盾的。

调和各种各样的矛盾正是伦理的一个重要目标，但是，这些矛盾永远不可能被完全消除掉。所秉持的道德体系不同，对于不同类型的善的追求也大不相同，这其实也是不同的幸福观的真实反映。就基督教的伦理观而言，它主张普遍的善是最可贵的，鼓励人们去追求。正如基督教徒所信奉的"爱邻如己"，其实就是教导人们像爱自己一样爱他人、爱天下，这是普遍的爱的一个缩影。而人们也都从这种普遍的爱中获得幸福。

既然善就是欲望的满足，那么欲望与道德之间显然有着千丝万缕的联系。在罗素看来，欲望凌驾于道德准则之上，并控制着它。正如他所说，"在人的欲望之外，是没有道德准则的"。他认为，欲望最重要的组成部分就是它的目的，而任何形式的正当行为都只是手段，是为了实现欲望所规定的目的。可见，人们的欲望决定了行为的目的，理性在其中发挥的作用就是从诸多手段里挑选一个最正当的。

那么，为何罗素这样强调欲望呢？这是因为他把欲望和善等同起来，是幸福的来源。人有了欲望，才进而产生了爱情、亲情、友情、情趣、爱好等，并从中获得了幸福感。

006

培根：财富是道德的包袱

培根在他的随笔中谈道："财富之于德行，不过是包袱。"他用了"impedimenta"这一拉丁字眼来表达包袱的含义。在他看来，财富与德行的关系，就如同辎重与军队之间的关系。对于军队来说，辎重是不可或缺的，但也不可滞后，辎重有时候会有碍于行军，甚至贻误战机，最终妨碍取得胜利。

培根认为，在满足基本的生存需求之后，巨额财富并没有真正的用处，除了可以用来修斋布施之外，其他用途不过是徒劳无功的幻想。正如所罗门之言：财富越多，食者越众；除却饱饱眼福，于财主又有何益处呢？任何人满足个人的吃穿用度都无须巨额财富，享有巨额财富，不过是保管着巨额钱财，或者拥有施舍捐赠他人的权利，或者享有富甲一方的声名，然而，对于他们来说，财富并没有实际意义上的用处。正如培根所说："君不见，有人为了区区几颗小石子开出天价？君不见，有人为了巨额财富而推进某些铺张浪费的巨大工程？然而，也许有人会说，财富能帮助人们消灾解难，就像所罗门说的，在富人心中，钱财就犹如一座城堡。"然而，事实上，这座城堡只存在于人们心中，而绝不会存在于现实生活中，任谁也无法否认，钱财带给人们的灾祸远远比消解的灾难更多。

培根告诫世人，永远不要为了满足虚荣心而追逐财富，而只应该谋取那些取之有道、用之有度、施之有乐且遗之有慰的钱财。然而，也无须像修道士那般不食人间烟火，全然不屑钱财。同样是挣钱，却有有道与无道之别。多年之前，西塞罗为波斯图穆斯进行辩护，他说道："显然，他追逐财富的增长并不是为了满足一己之私，而是为了拥有行善的实力。"这句话正应了所罗门对世人的谆谆教诲："别急着发财，对于急着发财的人来说，他只会更快地失去清白。"

在浪漫多情的诗人笔下，每当天帝朱庇特派遣任务时，财神普鲁图斯总是磨磨蹭蹭，然而，冥王普路托只要一声令下，他就会飞快地行动。这段虚构的描述后面蕴含的意思是，人们靠着辛勤和汗水发财致富，道路总是缓慢而艰难，然而，靠着他人的死亡发财，比如说继承遗产等，财富就如同天上掉下来的馅饼。在这里，如果将普路托比喻为魔鬼，也是再合适不过了。当人们靠着欺骗、压迫或任何其他不公正的方法来谋取钱财时，这些财富无异于来自魔鬼。

培根认为，人世间有千千万万种发家致富的手段，但其中大部分都是歪门邪道，最清白的要数务啬，但也绝不是毫无瑕疵的，因为它阻止了人们乐善好施、施予他人。接着，培根指出，众多生财之道中靠土地致富是最合情理的，因为来自土地的钱财是大地之母施予的，然而，这是一条相对缓慢的致富之路。然而，当一个人已经拥有万贯家财的情况下，如果他还能耐下性子来经营土地，那么，他的家财有朝一日肯定会大幅增加。

培根提到，他与一位德高望重的英格兰贵族素有交情，他当时富甲一方，拥有大片的果园、田地、牧场和林场，还有煤矿、金矿、铁矿等诸多产业，因此，对于他来说，大地就像是一片汪洋大海，源源不断地为他提供财富，永远不会枯竭。

有人嘲讽这位英格兰贵族，认为他不过是小打小闹，很难赚到大钱，此言不假。然而，倘若一个人真的如他一般拥有巨额财富，完全可以恃强凌弱、囤积居奇，这样一来，财富就如同滚雪球一般。大多数行当挣到的都是辛苦钱，赚钱途径可以分为两种：首先，辛勤劳作；其次，诚信不欺。除此之外，任何发家致富的行为都会有失德行。培根举了做投机买卖的例子，也就是购买货物而不为自己所用，反而是囤积居奇，以更高的价格售卖。对于原来的卖家或二手顾客而言，这种行为都无异于敲诈。

此外，培根还提醒世人，"永远别相信那些表面上对财富嗤之以鼻的人，他们之所以蔑视财富是因为他们已经对财富不抱希望。一旦他们发家致富，就会比别人更惜财、爱财、贪财。"

007

罗素：道德源于迷信

　　关于道德，罗素有着明确的观点，"道德产生的实际需求是同一个人或不同人在同一时间或不同时间里各种欲望之间的冲突"。比如说，一个人有饮酒的欲望，同时，他还能担当起第二天的所有工作，那么，我们不妨认为他只是小小地满足他的欲望，这并非是不道德的。然而，有的人则过于放纵欲望，那么，虽然他们只是损害了自己，而并没有损害别人，我们同样可以认为他们是不道德的。

　　在罗素看来，谨慎是构成美好人生的重要因素。当年，鲁滨孙漂流到了荒岛上，在荒无人烟的岛屿上，他懂得自我克制，深谋远虑，勤劳工作，这些都是良好的德行。这是因为这些美好的品质既让他得到了满足，又没有损害其他人的利益。在罗素看来，教育儿童的时候，这一部分道德教育尤为重要，他们如果在日后能够严格奉行这些道德，世界肯定会变得越来越美好。这些美好的品德能有效让他们避开战争，这是因为"战争不是理性的行为，而是感情的产物"。然而，且不论谨慎何其重要，归根结底，它始终不是道德中最重要的那部分，也不能引发任何理智方面的思考，这是因为它只是与个人利益紧密联系在一起。

　　接着，罗素指出，总体而言，超出谨慎范围之外的那部分道德是与法律或规则相似的东西，在他看来，"这些东西类似于某种疗法，让人们能在同一个社会里共处，而不管欲望是否有彼此冲突的可能性"。

　　大体来说，罗素将这部分道德分为两部分：

第一种是刑法，目的在于通过施加让人不快的惩罚来损害人们的欲望，从而实现表面上的和谐。然而，这种方法备受社会责难：如果被接纳自己的社会认为是不道德的，就会受到惩罚，为了逃避这种惩罚，大部分人都会竭尽所能地避免让其他人知道他们违背了社会的某项规定或准则。

第二种方法则更为彻底，一旦取得成功，其结果也更让人满意，也就是在最大程度上减少人与人之间产生冲突的机会，从而从根本上改变他们的性格和欲望，归根结底，就是让一个人与另一个人欲望上的满足一致起来。对此，罗素说："爱比恨更好，这是因为爱能协调人与人之间的欲望，而避免他们之间的冲突。两个彼此相爱的人，荣辱与共；两个彼此憎恨的人，这一方的失败于另一方而言则是成功。"

罗素认为，无论在哪个时代，道德始终是迷信与功利主义结合在一起的其他产物，较之功利主义，迷信在其中占据的比例更大。他指出，道德准则源于密西拿。最初，人们认为有的行为是不为诸神所喜欢和接受的，于是，他们制定法律法规来禁止这些行为，因为一旦触怒诸神，包括罪犯在内的全社会都会遭殃。"罪"的观念也由此产生，久而久之，这些禁令也演变成高高在上的权威。

他认为，教育同样是培养与塑造道德观念的过程，然而，迷信对教育各阶段的影响都是毁灭性的。早在孩童时期，一部分孩子就具备了思考的习惯，然而，教育的目的之一就是将他们的这种习惯连根拔起。但凡有人提出某些看似荒诞又难以回答的问题，他们都会遭到斥责或惩罚。在教育的过程中，集体情感被借助于灌输某些信仰，尤其是民族主义的信仰。在教育方面，资本家、传教士、军阀、官僚努力同心，这是因为批判主义的缺乏与情感主义的盛行为他们权力的滋生提供了土壤。

对此，罗素举了一个犀利的例子：在短短9年时间里，一个牧师的妻子接连生下9个孩子。医生警告她，如果她再生一胎，难逃一死。她在第二年又生下一个儿子，结果她死了。然而，却没有一个人谴责牧师，他保留着圣职，很快又娶了一个年轻貌美的女人。对此，罗素说道："作为道德的守护者，如果牧师谴责着无辜的人而宽恕着残酷的人，那么，处于迷信笼罩下的道德就永远不会回归正途。"

008

罗素：正派人的时代正在逝去

罗素认为，在他所处的社会里，遗老们大权在握：他们控制着教育，并卓有成效地维护着教育领域中维多利亚时期的伪善标准；他们控制着被人们称作道德问题的立法权，在他们的纵容之下，包括走私、贩酒在内的庞大职业群体正在兴起；他们确保那些为报纸写稿谋生的年轻人传达的并不是他们自己的观点，而是正派人的观点。在他们的掌控之下，很多所谓的欢愉继续存在着，倘若没有他们的维护，这些欢愉很快就会走向终结。

罗素指出，正派人士一般都会花上一笔钱财，雇佣一部分人专门维持世界的治安。在正派人士看来，他们自己不应该承担如此重负。另外，对于那些以诽谤或造谣为目的的机构，正派人士不愿意参与其中。依靠各种花言巧语，人们总能进入正派人士的行列之中。罗素认为："如果甲和乙都说对方不好，那么，他们周遭的人就会认为，他们之中的一个人正在履行社会的职责，而另一个人则是在恶意的驱使之下中伤他人，前者自然就是正派人。"

在罗素看来，正派人士最鲜明的特征之一，就是试图改善现实。正如有的神学家认为亵渎神灵的言语和行为是不正派的，正派人的想法也与之类似，只不过他们将神灵偷换成了自己。

他们竭尽所能，力图让人们一直过着麻木不仁的生活，而处于这种生活中的人们一旦觉醒过来，他们就会受各种诽谤的伤害，从而牢牢地处于正派人士的掌控之下。罗素举例说，英国的纺织业蒸蒸日上，从事棉花贸易的商人在不知不觉间与传教士建立起了紧密的联盟关系，原因在于传教士极力倡导野蛮人把自己的躯体遮掩起来，因此，人们对纺织品的需求量也大大增加。如果当身体裸露的时候人们并不觉得害羞或羞愧，棉纺织业也就丧失了赚钱的机会。

罗素还发现，正派人无论在何处发现了何种形式的快乐，他们总是能找到各种各样的理由来怀疑它、否定它。他们坚信，当一个人学识增加的同时，他的忧愁也相应地增加了，于是，他们有理由相信，当一个人的忧愁增加的同时，他的学识也增加了。因此，他们坚信自己散发出种种忧愁的情绪时，也在向世人传播着学识。学识是如此珍贵，他们也因此觉得这种行为是在为人类造福。这样一来，他们也为自己找了诸多理由，比如说，他们为了塑造乐善好施者的形象，就为孩子们修建了偌大的游乐场，接着制定出各种条条框框，结果，孩子们在游乐场里还比不上在闹市里玩得痛快。在罗素看来，正派人士的这种态度已经渗透到了生活的方方面面。

但是，罗素也客观地指出，如今，属于正派人的时代即将过去，它的远大前程正在被两件事情葬送：第一，人们相信只要在不损害他人利益的前提下，任何快乐都是无害的；第二，无论是道德上的欺骗，还是美学上的欺骗，都为人们深深厌恶。在战争的影响下，这两种具有反叛精神的思想进一步发展。激烈的战争冲突下，各国的正派人士试图牢牢控制住本国的青年人，以所谓最高尚的道德引诱着他们，让他们自相残杀。然而，战争结束了，这些人们死里逃生，不禁开始怀疑由仇恨和谎言引起的苦难究竟是不是高尚的道德。这一现实让罗素倍感欣慰，"也许，正派人士要经过漫长的时间才能再次说服人们相信并接受自己有关崇高道德的种种说教"。

009

培根：善是关心大众的福祉

在培根看来，所谓善，就是关心大众的福祉。在希腊语里，善对应的词汇是 philanthropia，而培根认为，英语中 humanity 一词的分量过轻，不能完全表达善的含义。正如培根所说："性善是天性，行善是习惯。在人类的诸多美德中，善是最伟大的，甚至上升为神的品格。人类一旦脱离了善，就沦为一只只可怜虫，庸庸碌碌，无所事事。"在某种程度上，善是对博爱这一号召的响应，在善的感召之下，允许人们犯错，但不允许贪婪之心滋长。

培根认为，人世间的大多数事物都要遵循一个度：过分追求权势，天使走向堕落；过分渴求知识，人类走向堕落。然而，诸事之中只有博爱是例外，博爱是无边无涯的，人也好，神也罢，他们都不会因为过于博爱而堕入危险的深渊里。在他看来，人性上被烙下了深深的向善的倾向，一个人如果没有爱其他人的机会，他就会把这份爱施予其他生物。培根发现了一个有趣的现象可以佐证他的观点：在很多人看来，土耳其人生性残忍，对于其他种族的人类尤其如此，但是，他们却对动物还有仁爱之心，常常对生病或受伤的小鸟、小狗施以援手。有一则相关记载，讲的是有一个基督教小男孩在君士坦丁堡生活，有一天他突发奇想，将一只长嘴鸟的嘴用其他东西塞起来，结果小男孩差点儿被当地人用石块砸死。

同时，培根也意识到，有时候仁善也会犯下错误，就像意大利人经常挂在嘴边的一句俗语："他太好了，甚至好得窝囊。"尼古拉斯·马基雅维利是意大利一位著名学者，他曾在文章中犀利地写道："基督教教义让好人沦为猎物，让他们遭受暴君的欺凌。"他之所以这么说，原因在于世界上没有任何其他的宗教、学说、法律法规比基督教更鼓励并指引人们向善、行善了。因此，培根劝告世人："为了避免陷入危险或丑闻的深渊，在行善之前，最好从别人的错误里吸取教训，不要成为滥好人。"在他看来，我们要悉心学习别人的优点，但也不能被他们虚伪的面孔或巧言令色所蒙蔽，因为软心肠或轻信而葬送自己。其实，对于那些老实人来说，软心肠和轻信是人生的镣铐。

在培根看来，人性具有双重性，向善与向恶是共生的。他认为，虚荣、倔强、暴躁等性格特征还算不上最坏的，嫉妒才是其中最恶的品性，也往往祸及他人。有一种人以落井下石为乐，他们活下去的意义就是为他人制造麻烦。培根认为，这类人甚至还比不上《圣经》里那条舔疮为生的恶狗，他们就像苍蝇，靠吮吸尸体的汁液为生。

而善良也不是单一的，它由多种成分组成，被打上了各种标签。当一个人以和蔼、有礼的态度对待陌生人，那么，他就是一个称职的世界公民，他的心脏与其他陆地联系在一起，组成了大陆；而不是孤岛，与其他陆地遥遥相对。面对他人遭受的痛苦，有的人心怀同情。他的心脏如世界上最高贵的树，它流淌出香树脂，可以用来治疗或镇定他人的伤痛，同时，自己也因此受伤。

此外，还有一类为善的人，他们能发自内心地谅解并宽宥他人的冒犯，这说明他们的头脑是凌驾于一切伤害之上的。哪怕面对微不足道的好处，这些人都能心怀感激，这说明，比起钱财，他们更珍视人们的心智。尤其是，一旦他们拥有了圣保罗的至善——圣保罗为了拯救兄弟，甚至宁可遭受基督的诅咒，这就说明他们具备了非凡的神性，与基督抵达了同一境界。

010

孟子：人性本善

　　孟子是战国时期邹城人，名轲，字子舆，被后世尊称为亚圣，仅居孔子之下。

　　孟子年幼时，父亲早逝，他与母亲相依为命。孟母靠织布维持生计，为了让孟轲能受到良好的教育，孟母曾三次搬家。断杼教子，讲的也是与孟氏母子有关的故事：有一天，孟轲大白天逃学，回到家中，孟母一怒之下将自己辛苦织好的布匹剪断，为的就是让儿子明白半途而废就什么也干不好。孟轲深受感动，从此以后发愤学习，最终成为一代大师。

　　孟子自称是孔子的徒子徒孙，"得圣人之传"，他以孔子为人生榜样，常常说"乃所愿，则学孔子也"。孟子也曾效仿孔子，去列国周游，试图游说各国君主，让他们接受自己的理念。而孟子周游列国的规模也比孔子大很多，"后车数十乘，从者数百人"，所及之地，受到了诸侯国的欢迎。久而久之，孟子也有些飘飘然，于是吹嘘自己说："如欲平治天下，当今之世，舍我其谁也？"然而，他不明白，各国的君主、诸侯之所以欢迎他，奉他为座上宾，并非真正想接纳他或接受他的政治理念，只不过想借着他的名望来装点门楣，让世人知道自己求贤若渴的心理。而孟子的学说与思想呢，则被当时的人们认为不合时宜。正因为如此，孟子一生也没有得到真正参政的机会。归根结底，孟子所倡导的仁政统治术就是他那被人们认为不合时宜的政治主张。孟子提出的仁政以人性本善的性善说作为思想基础，尤其强调要以民为本。

正如孟子所说："人皆有不忍人之心……恻隐之心，仁之端也；羞恶之心，义之端也；辞让之心，礼之端也；是非之心，智之端也。"这里的"端"就是萌芽。孟子所说的"人性本善"，人性的善主要表现在人的仁、义、礼、智是与生俱来的，从出生之日起就开始萌芽。正因为人性本善，因此，作为君主就应该实施仁政，以人为本、以民为本。在孔子的年代，他主张统治者实施礼治，到了孟子所处的时代，礼教已经彻底崩溃，没有了思想基础。于是，孟子试图说服统治者用仁政来取代孔子的礼治。孟子认为，礼无外乎是一种外在的表现形式，而仁才是一切的内在心理基础，也就是说，礼是在仁的基础上产生的。究其根本，仁就是善；实施仁政，就是实施善政。

在政治上，孟子提倡"民为贵，社稷次之，君为轻"，也就是主张统治者把平民百姓的利益摆在首位，国家利益次之，而君主的一己私利则是最轻的。孟子还提倡"乐民之乐者，民亦乐其乐；忧民之忧者，民亦忧其忧"，也就是说，作为君主，应该与天下苍生同乐同忧，同甘共苦。这些主张都反映了孟子所提出的仁政以民为本的思想内涵。可以说，比起孔子主张的礼治，孟子主张的仁政是一个进步。相比之下，孔子的礼治着眼于统治者和统治阶层的利益，而较少考虑到百姓的利益，为了维护礼教，甚至可以牺牲百姓的利益；而孟子的仁政则开始关注并维护百姓的利益，并提倡实现统治者与百姓利益的一致性。诚然，归根结底，仁政也是一种统治术，所谓的"以民为本，以君为轻"，归根结底也只是为了维护统治者的利益。

第七章 | 要么孤独，要么庸俗：

哲学这样看心灵

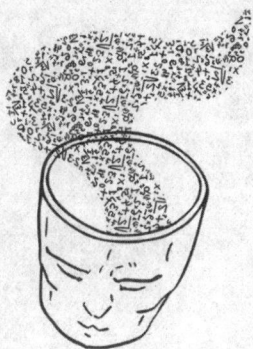

001

苏格拉底：认识你自己

作为古希腊时期最杰出的哲学家，苏格拉底提出的许多问题都发人深思，对后世产生了深远的影响。追随他的门徒众多，其中还有许多当时有名的奴隶主贵族思想家，比如柏拉图、色诺芬等。苏格拉底以"爱智者"自诩，他一生之中最关注的问题当属伦理学。他劝诫世人，要"认识你自己"，简言之，就是让人们努力认识"真正的我"。苏格拉底哲学语境中的"我"，指的是心灵、灵魂，也就是理智。在他看来，每个人都应该关注自己的灵魂，因为人们唯有借助灵魂的理智才能明是非、辨曲直。一个人倘若将自己的灵魂或理智摆放在至高无上的位置，那么，他自然也能辨别何为善、何为恶，进而成为一个有道德的人。

最初，"认识你自己"是一句被铭刻在希腊德尔菲神庙门楣之上的句子，苏格拉底看到后，就将这句话视为自我哲学原则的宣言。

在苏格拉底看来，那些自然哲学家关于哲学对象、方法论等方面的看法都是错误的，他们的注意力都放在自然上面，而不愿去关心自身。这些自然哲学家在探讨宇宙之间万物之本源的时候，往往以感官作为依据，以自然之物作为原因，其结果往往是众说纷纭而不得其法，让局外人无所适从。苏格拉底认为，物质性的本源并不是宇宙万物真正的主宰，若要追溯其根源，莫过于万事万物内在所蕴含的目的，也就是善。人类的潜质尚且不足以认识自然的本性，因而也认识不到哲学真正的对象并非自然，而是自我。可见，苏格拉底所提倡的"认识你自己"，也就是认识人自身的善。

在他看来，所谓的善是一种神力，蕴含于万事万物之中。

苏格拉底门下有一个青年名叫尤苏戴莫斯，很是骄傲自大。一天，苏格拉底为了教育他，与他展开了一场充满睿智的对话。当时，尤苏戴莫斯野心勃勃，想要参与城邦领袖的竞选。苏格拉底得知后，跟他说："一个希望成为领袖的人要具备一定的素养，他要懂得如何治国齐家平天下。但是，一个非正义的人能够掌握这些本领吗？"

尤苏戴莫斯想都没想，回答道："当然不能。一个非正义的人甚至没有资格成为一个良好的公民。"

苏格拉底继续发问："你说说什么是正义的行为，什么是非正义的行为？"说着，他掏出一张羊皮纸，分别在羊皮纸的两侧写下正义和非正义两个词，让尤苏戴莫斯一一列举出来。

尤苏戴莫斯沉思片刻，把欺骗、懒惰、偷抢、奴役等行为都列到了非正义的那一侧。对此，苏格拉底用一些截然相反的事例一一反驳这些看似非正义的行为。

他接连发问道："两军交战，潜入敌方阵营，偷取其作战图，这是非正义的吗？兄弟亲朋深陷绝望的情绪里，把他藏在枕头下的刀悄悄拿走，这不应该吗？女儿生病了，母亲骗她，把药掺入饭中喂她，很快，女儿康复了，这种欺骗的行为又应该如何看待呢？"

一连串的问题让尤苏戴莫斯如坠云端，摸不着头绪，也无从辩驳。

就这样，苏格拉底破除了尤苏戴莫斯的成见，也瓦解了他的傲慢之心。接着，他又从正面引导尤苏戴莫斯，循循善诱，让尤苏戴莫斯理解了认识自我、了解自我的观点。接着，他明确向尤苏戴莫斯指出，"认识你的自我"是人生最重要的一部分知识。唯有认识自我、认识生命内在的善，人们才能直面人生，领悟生命的真谛。

002

柏拉图：你是自己的主人

柏拉图延续了苏格拉底"认识你自己"的思想，开始继续探索人生的意义。在他看来，肉体与灵魂沟通构成了人，而人的灵魂又可以一分为三，即理性、激情和欲望，三者的地位由高到低。可见，就本质而言，人的生活有双重性：一方面，人是理性的，生活在理念的世界里，分享着理念世界也就是神的生活；另一方面，人有欲望，会萌生原始的动物性冲动。激情位于理性与欲望这二者之间，是它们的终结，情感与意志一同构成了激情。究其本质而言，激情本无善恶之分，只有在理性的指引之下，人生才会呈现积极向上的状态。因此，激情不应该服务于欲望，而应该听命于理性，这样一来，个体才能达到内部的和谐统一。

所谓理想的人生秩序，应该是在善的理念的指导之下，达到的一种有序的和谐状态。这正是柏拉图所描述的"我们只能在那些颇具天赋又接受过良好教育的人群中看到，他们能在理智与信念的帮助下，有分寸地指引着那些简单的欲望，而他们只是人群中的个别现象"。换言之，柏拉图描述的这种有序而和谐的生活一定是由好的天性指引着坏的天性，人才能真正成为自己的主人。

想要做自己的主人，就要先知道自己需要成为什么样的人，以及如何才能成为那样的人。欲望与生俱来，是人们生存下去的基础；然而，人们不能放任欲望，任由它控制意志，否则人们就会陷入欲望的深渊里，而理性则沦为欲望的帮凶。因此，人们必须有一个崇高而普遍的目的，它凌驾于个人的私欲之上，有能力支配欲望或激情。要想获得这种崇高而普遍的目的，人们就必须求助于理性，当人们接受了良好的教育后，才能依靠理智彻底地支配激情和欲望，这也是真正意义上的"成为自己的主人"。克制、勇敢、智慧是与理性、激情、欲望这灵魂的三部分一一对应的三种品德，它们各司其职，才能最大程度完善人类的灵魂，达到人生的最高目标。

在柏拉图看来，克制的本质是和谐，"克制是一种良好的秩序，能自如地控制某些快乐与欲望"。那么，既然克制意味着控制某些快乐或欲望，那一定是发现了更好的人生目标，比起那些纯粹的感性快乐，这种更好的人生目标更深刻，也更有意义。作为一种好的秩序，其实克制也象征着理性自身的秩序，也就是自发自觉地迈向更好的人生目标。

勇敢则是一种保持。无论处于何种情况下，都要保持住一种信念，即将通过教育手段所树立起来的那些应该心存敬畏的事物牢记于心，而且无论如何都不会抛弃这种信念。

智慧，并不是用来致力于思考国家某个特定的方面，而是将整个国家视为一个整体来思考，不断促进其内部与外部的和谐统一。智慧是国家守护者应当拥有的知识，从严格意义上来讲，统治者就是真正的国家守护者，这种智慧应当时常从他们头脑中一闪而过。根据自然规律，总是只有最少数的人能具备这种被柏拉图称之为智慧的知识。对于任何人来说，他都必须先拥有健全的理性，才能拥有智慧。只有以智慧为手段，才能让理性、激情与欲望这三者各自的利益及其共同利益达到和谐统一的境界。

003

柏拉图：灵魂分为三个部分

柏拉图是古希腊最有名望的哲学家，也是最有才情的作家。他留下的成果大部分并不是哲学论文，而是形式上各自独立的对话集，对于很多不懂哲学的人而言，其中很多对话也很吸引人。这种独特的对话形式在写作上发挥了文学的奇妙效果，又在形式上让柏拉图与对话中涉及的人物所持的观点保持着一定的距离，这样一来，读者就会自发地思考对话中谈论了哪些观点，结论又是什么，而不会将柏拉图的一己之见全盘接受。

柏拉图认为，人的灵魂是由几个部分组成的，为此，他举了两个例子。第一个例子是，某个人有着强烈的饮酒欲望，但是，理性让他认识到这样做是不对的，因为这有损于他的健康。这样一来，他一方面有饮酒的欲望，另一方面又在理智的驱动下抗拒着这种欲望。争论随之而来：不可能有正反两种力量同时影响着同一件事情，因此，一定不是作为统一体的个人处于这种矛盾之中，那就是说这是自身分为若干个部分，各部分朝着不同方向或反方向拉扯着。也就是说，静下心来思考一下，我们会发现想饮酒的并不是"我"，而是"我"的某一部分，也就是被柏拉图称为欲望的那部分"我"想饮酒，而"我"的另一部分，也就是柏拉图称为理性的那部分不想饮酒，并努力克制着"我"饮酒的欲望。

在柏拉图看来，人的心理活动是复杂多变的，不能简单从欲望和理性这些方面来诠释。除了欲望和理性，还有第三个部分，那就是精神，其中涵盖了绝大部分情感，它有时候与欲望是对立的。比如说，柏拉图在《理想国》第四卷里就谈到了二者间的一种冲突：人们臣服于病态的欲望，进而会对自身产生一种羞辱感。这种情感与理性不同，即使是没有推理能力的小孩或动物身上也会表现出来。

在柏拉图看来，灵魂的各部分并非出于同等的地位；理性是独立存在的部分，与此同时，它还能洞悉其他部分乃至人整体的利益。柏拉图认为，理性在灵魂各部分中占据着主导地位，这是基于理性对于自身和其他各部分需求的了解，相较之下，灵魂的其他部分却有局限性，它们只能了解自身的利益。可见，理性与灵魂的其他部分存在着本质的差异：灵魂的其他部分局限于自身需求之中，唯有理性足以代表作为整体的人的利益。弄清楚了这一点，我们也就能明白为何柏拉图会花费大量笔墨来描述分为三部分的灵魂，但究其理论的核心内容而言，灵魂各部分的区别仍在于理性与非理性，因此，这与其他将灵魂分为两部分的学说其实是一致的。

004

尼采：成为你自己

"你的良知在说什么？——你要成为你自己"，在《快乐的知识 》第270 节中，尼采如是说。

在哲学的观念里，"自己"是一个如此宏大的词汇。我们也时常扪心自问，何谓自己？我们只知道，它是一个与人称类似的存在，是当与外部世界进行对比时的一种内在指向。然而，少有人自己思考过，真正的自己是什么，换言之，本性是什么，它是如何释放的？然而，对于真正的哲学家来说，他思维世界的深度远不止如此，正如尼采对人之本性发出的拷问，那就是"我们该如何成为真正的自己呢"？

针对"成为你自己"这一哲学命题，尼采如此说道，"大多数人随波逐流，宁可追随大流，也不愿意向世人展现那个真实的自己，这大抵是因为人类的惰性。世人更愿意沿着他人的轨迹去过自己的生活，在他人的亲身体验的保障之下过自己的生活，用世俗与舆论紧紧地包裹住自己。纵然有万丈光芒，也不吝于彰显它，而是掩盖它、磨灭它。一切的根源在于，创新性的人生需要不断思索，不断探险，不断发掘自我，而大多数人宁愿过着'二手生活'。人们被表象的'我'所迷惑，并不了解那个真正的自己，即本性，是如此迫切地渴望着一场'解放'。"

在尼采看来，没有创新的人生是毫无色彩的，而懒惰则扼杀掉了大多数人生而为人的创造力，堪称是人类挖掘自我的"元凶"。比起胆怯，懒惰更加面目可憎，它如阴云般笼罩着某个人，终其一生难以摆脱，才华也淹没其中。是什么桎梏了你的天性？人们投向你的目光，在你背后的窃窃私语，世俗的枷锁，道德伦理的牢笼，而懒惰则是最后一把镣铐，让人疲于挺身而出，面对这种种不堪。久而久之，大多数人成为了尼采所说的"笼子里毫无思想的野兽"，如猛兽害怕饲养员的鞭子一般畏惧着他人的言论。

尼采认为，人们最原始的生命力正是在西方唯物主义传统中逐渐泯灭的；而人们的自我则是在基督教传统中逐渐丧失的。在尼采看来，正是道德在束缚和制约着人类与生俱来的激情。要想成为真正的自己，人们就要竭尽所能地克服所谓的道德。克服自我，重估一切价值，对西方文化的基础进行一次彻底的反思。尼采认为，当上帝并不存在时，人的一切完全取决于自己，也就是说，自我是独立存在的。"成为我自己"是人生必需的一种践行，"我"要有"我"的个性，"我"要保持独立。

可见，尼采所倡导的这种"成为你自己"是一种带有反思性质的自我肯定，毫无疑问，这对当时的社会意识形态的发展有着重大意义，对于那些陷入人生困境的人而言，就犹如漆黑汪洋之中的一座灯塔，为他们指引着方向。

从苏格拉底的"认识你自己"到尼采的"成为你自己"，是对自我的两种态度。所谓"认识你自己"，是对内在灵魂的一种拷问，其目的是为了更深入地探索既已存在的真理，完善自身的德行。"成为你自己"则致力于扭转人们的气质，激励人们在漫漫人生路上奋发向上。因而，尼采提倡的"成为你自己"是一种人生的价值取向，抛开其中的积极或消极因素不谈，它至少可以激励我们为了发掘自我、实现自我价值而不断努力。

005

笛卡儿：心灵与身体的关系

　　勒内·笛卡儿于 1596 年出生在法国的图赖讷拉海，是 17 世纪法国著名的哲学家、神学家、物理学家、数学家，是二元论的杰出代表人物，被黑格尔尊称为近代哲学之父。

　　心身关系是笛卡儿哲学思想的重要组成部分，主要探讨的是人类的心灵与身体之间的关系。在笛卡儿看来，心灵与身体（又称为物体）是两种处于绝对的对立关系中的实体。接着，一个难题接踵而至，那就是心灵与身体之间是如何沟通与联系的呢？归根结底，这既是一个本体论的问题，又是一个认识论的问题。

　　笛卡儿提出了心身二元论，认为它们都是实体，二者各自独立、互不干涉。但是，心灵与身体之间的相互关系是如此明显，而二元论根本无法解释它们之间的关系，也无法阐述心灵究竟是如何认识身体的。于是，他不得不渐渐放弃了绝对的心身二元论，试图探索它们之间的关系。接着，他指出："当灵魂与肉体联合在一起，就形成了人类。虽然二者存在本质上的不同，但不得不承认它们有着密切的联系。当外部世界的事物通过运动的方式而对人们的感官产生影响的时候，人们的身体会产生疼痛或发热等感觉，与之相应地，心灵会萌生躲开的念头。此外，当人们心起一念，想抬起手时，手就会随之抬起来。这两个过程截然不同，但又是如此协调，它们之间似乎有一道无形的桥沟通着彼此。"接着，笛卡儿深入研究了生理学、人体解剖学等学科，试图探析这种运动是以什么为媒介从一方传至另一方的。最后，他发现大脑里有一种腺体名为松果腺，并指出，正是松果腺充当着沟通心灵与身体之间各种运动的桥梁，完成了身体的语言与心灵的语言间的相互转换。笛卡儿将他的这套理论称为心身交感论。笛卡儿提出的这套以松果腺为原理的理论早就被现代医学全盘否定了，但是，这仍然说明他为了冲破二元论的困境而进行了各种努力。在笛卡儿有生之年，这个难题一直困扰着他。

笛卡儿之后，他的后继者也相继提出了许多方案试图解决心灵与身体的关系问题，其中最为人们所知的是先定和谐、偶因论、两面论、副现象论等。其中来自法国的马勒布朗士是偶因论的代表人物，他认为，心灵与身体都不能互相影响，它们之所以能协调一致，是因为上帝在其中发挥作用。也就是说，身体不能引起心灵活动，心灵也不能引起身体活动，它们对彼此而言都是机缘巧合罢了，上帝才是它们活动的根本原因。而副现象论则是试图从庸俗唯物主义的角度来解释心灵与身体之间的关系，这一理论指出只有生理活动是真实存在的，而心理活动只不过是它的影子罢了，副现象也由此得名。这一理论的代表人物是斯宾诺莎，他尝试将一元论原则贯穿于理论的始末，并解释说心灵与身体的关系其实就是一个实体的两个方面。

笛卡儿认为，心灵与身体都是实体，二者各自独立，没有联系。就属性而言，心灵与思想有关，而身体与广延有关。因为心灵是没有广延的，所以它也是不可分的；因为身体是没有思想的，所以它也是无限可分的。这样一来，在笛卡儿的努力下主体性的原则被确立起来了，但是心灵与身体或物体之间的关系却成了大问题，这个难题在之后也始终困扰着近代哲学界。原因在于，笛卡儿虽然将主体性确立起来了，但这是以主体与客体之间的区别作为大前提的，因此，当之后的哲学家以此作为出发点试图来证明思维与存在之间的同一性时，无论如何都不可解了。为了解决这道难题，作为唯理论者，笛卡儿只能用上帝作为思想与物体之间的润滑剂，实现二者之间的一致。作为经验论者，洛克也在经验的泥潭里越陷越深，绕不出"心中只存在着观念"和"心外有物"这对矛盾，最终，休谟将经验论进一步推向了神秘莫测的不可知论。

006

荣格：以对话为根本

19 世纪末期到 20 世纪上半叶，在西方世界，工业文明发展到了巅峰，自然科学与生产技术都以让人不可思议的速度突飞猛进。社会也越来越强调个人的理性与智力。在这样的背景下，社会阶层不断分化，加之宗教式微，战争频发，人们的精神世界一片荒芜，精神疾病的发病率也越来越高。

1875 年，卡尔·荣格出生在瑞士的凯斯威尔，是瑞士著名的心理学家。荣格从 1907 年开始与弗洛伊德合作，在之后 6 年的时间里，将精神分析学说进一步发展与推广。但是，二人后来在理念上产生了分歧，随后分道扬镳。在此之后，荣格创建了荣格人格分析心理学理论。

荣格将他的心理学归属为深层心理学那一类。所谓的深层心理学，是以"在我们人类的心中，意识的控制以及超出意识的无意识的作用占据了相当大的比例"这种观点作为出发点的心理学。在此基础上，荣格心理学的相关内容涉及了许多方面，在他涉及的众多领域里，以心理疗法和学问研究两个领域用力最勤、研究持续时间最长。我们从中不难发现，荣格心理学其实是以对话为根本的心理学。

为什么这么说呢？这是因为荣格心理学是以荣格自己与自己进行内心对话、自己与患者进行内心对话为基础而展开的。荣格很重视他与患者之间的对话。在临床实践的过程中，很多精神分析师最常见的做法就是让患者躺在诊室的躺椅上，自己则坐在患者背后，静静地倾听着患者的心声。而荣格呢，每次他都会坐在患者的正对面，与其进行对话。

也就是说，荣格的心理疗法其实是心理学上的一次变革，患者与治疗师之间的关系发生了彻底的变化：患者无须再彻底服从于治疗师绝对的科学权威，而是双方展开更具人情味的互动。

荣格心理学所提倡的对话，并不是传统的单方面的倾听或治疗师对病患进行的分析或断言，也不同于人们日常生活中为了交换信息而进行的言语对话。荣格心理学的对话主要目的是捕捉对方在这个过程中每个微小的反应，双方进行一种"有默契的交流"，并努力产生"新的发现"。

在荣格看来，在心理疗法进行的过程中，治疗师与患者间的交流是一种辩证法式的过程。简单来说，并不是由治疗师依靠医学的科学权威来对病患展开治疗，而是与患者进行平等的交流，在此基础上进行交流。患者与治疗师之间不再是一厢情愿，而是一种良性的互相作用。

在荣格看来，"人的内心总是有着两种心情或倾向，而它们是截然相反的。"比如说，爱与恨两种极端的情感总是同时存在于人们的内心世界。当人们纠结于与恋人分手的时候，其实内心存在着想或者不想分手这两种心情，而且二者几乎同样强烈。此外，这种情感的对立并不只局限于爱与恨这种简单的有意识的情感，人的内心世界还经常会产生截然相反的无意识的情绪。比如，我们满怀希望，能像母亲包容孩子一般来包容自己的爱人，与此同时，又害怕这种爱会侵蚀掉自我，最终还是选择放弃这样一种爱。换一个角度来看荣格的这些理论，我们就会发现，正义与邪恶、阳刚与温柔、胆怯与坚强等完全对立的情绪几乎都同时存在于人们的内心世界。

可见，这些来自各个层面的完全相反的情绪同时在人的心里产生影响，我们不可能用一个原因导致一个结果这种简单的推理来解释任何一种与内心有关的问题。这就是为何荣格在心理疗法的理论中致力于用对话这种平等的形式来观察内心世界的细微变化，以此来解释人类复杂而细腻的内心世界。

007

斯宾诺莎：理智是心灵的永恒部分

　　人的心灵是永恒的吗？心灵的整体是永恒的，还是只有部分是永恒的？如果是后者，那么究竟心灵的哪部分是永恒的？我们从斯宾诺莎的字里行间寻找着答案，仅从字面而言，似乎他的答案是有所出入的。他在《伦理学》第五部分的命题 23 写道："我们是永恒的，我们的心灵亦是永恒的。"但是，他接着又在其后的命题 38、39 中把心灵明确分为两个部分，一部分是永恒的，另一部分是随着身体而消逝的。可见，就本质而言，斯宾诺莎认为心灵的一部分是永恒的，而非心灵整体。

　　然而，究竟哪部分心灵是永恒的呢？斯宾诺莎对于这一点的说法前后并不统一。他在《伦理学》第五部分命题 23 中指出，上帝之内必有一种概念或观念表示人的身体的本质，而这个概念或观念必然是某种属于人的心灵本质的东西，"这种东西是心灵的本质，它是永恒的"。接着，他又在第五部分命题 40 里写道："心灵永恒的那部分就是理智，心灵中会随着身体而消逝的那部分是想象力。"

　　无论是从整个西方哲学传统来看，还是从近代理性主义哲学来看，斯宾诺莎以上两种说法都是矛盾的。就西方哲学史而言，上至柏拉图、亚里士多德，下至笛卡儿、莱布尼茨，都认为心灵是实体或者准实体，心灵还具有分析和推理的能力，即理智，而观念或概念正是源自理智。可见，理智乃认识的主体，而概念或观念乃知识和结果，二者不是一致的。可见，斯宾诺莎有关心灵的观念与上述几位思想家有着根本的差异，他明确指出，心灵只是实体的样态，而不是实体。很多高度复合的个体结合在一起，共同组成了身体，因此，那些构成人的心灵的知识或观念也是复杂的。而这些只是最基本的部分，除此之外还有许多其他的成分。斯宾诺莎在他的早期著作里写道："观念构成了人的诸样态，这些观念根据对象各自产生的方式，又区分为意见、真的信仰、清楚而明晰的知识等。"此外，除了知识之外，他认为构成心灵的诸多要素中还包括情感。

斯宾诺莎既认为观念是构成人类心灵的主要部分，又认为心灵还包括了理性、想象力等要素。因此，想要更深入地了解他有关心灵的理论就要明确他有关观念与理智以及二者之间关系的各种观点。

首先，就观念是什么的问题，斯宾诺莎的见解与经验主义有明显区别。他不认为观念是眼睛或大脑里产生的形象。他指出："我认为，观念是构成心灵的概念，因为心灵是有思维的。我之所以用'概念'而不用'知觉'，是因为'知觉'似乎表示心灵之于对象是被动的，而'概念'则表现了心灵的主动性。"因此，斯宾诺莎所说的观念不同于经验主义所说的影像，他的观念其实就是概念。因此，他对心灵的种种阐述虽然有着明显的理性主义倾向，但与笛卡儿或莱布尼茨有根本区别。

其次，我们需要进一步了解斯宾诺莎对理智的看法。他是一名奉行理性主义的哲学家，他认为："理智与意志的关系与这个观念与那个观念或这个意愿与那个意愿之间的关系，就如同石头的本质属性与这块石头或那块石头，或是人的性质与彼得和保罗的关系如出一辙。"显然，斯宾诺莎是将理智与观念归入了一般与个别的关系之中，理智与观念之间既是因果关系，又是整体与部分的关系。然而，斯宾诺莎并没有解释清楚作为整体的理智是如何成为观念的原因的，此外，他也没有解释究竟是什么样的观念结合在一起，组成了理智。不可能是心灵的全部观念一起构成了理智，因为心灵是由理智和想象力共同构成的，因此，只可能是心灵的部分观念构成了理智。这部分观念是斯宾诺莎所说的真观念或充分观念，而想象力则是这些之外的其他观念构成的。

008

维科：人类心头共同的词典

维科出生于 1668 年，是意大利著名的哲学家，他的代表作名为《新科学》，目的是表现作者对于人类历史不同于以往的理解。18 世纪，人们对历史的理解还停留在宗教阶段，认为是上帝或神创造了人类历史。而维科的历史观却颇具前瞻性，带有浓厚的世俗意味。从某种程度上来说，维科的历史观是对马基雅维利的一种延续，但两人也有区别，相较之下，马基雅维利更侧重政治方面，而维科则更侧重历史方面。

维科认为，历史的发展与人性都处于一种必然的、永恒的规律之下，所有人、所有民族都必然遵循这种规律，因此，这是一种普遍规律。当然，这种规律是内在的，所有人、所有民族都不自觉地遵循着。如果套用现在的术语，那么，这种普遍规律其实就是全人类的一种集体无意识，是一种不自觉的判断。

维科在《新科学》里指出，人类在认识一切事物时始终遵循着两条规律：对于无知的事物，人类总是以自身想象力为标准，进行评判；对于未知的事物，人类总是将其纳入已知事物的范畴内，来理解并诠释它们。历史上各种各样的谬误也由此产生。比如说，几乎任何一个民族都认为自己是世界上最古老的民族，而且拥有比其他民族更健全、更完善的智慧，而称其他民族为未开化的蛮族。

总体而言，任何民族的历史都可以分为三个发展阶段，比如说，根据信仰不同可以分为三个发展时代，即信奉神的时代、信奉英雄的时代、信奉人的时代；语言发展经历了三个阶段，即象形文字、象征语言、书写语言。相应地，还可以根据习俗、政府、理性、法学等划分为各不相同的三个阶段。以上的三个阶段都有着类似的特点，可以一一对应。这三个阶段是同时并存的，只是在不同的历史时期有一种占据着最重要的地位，而其他两种则处于较低的地位，并没有彻底消失。

维科将人类最初的思维形态称为诗性智慧，想象力是这种思维形态最明显的特征。因此，无论是哪个民族的早期历史阶段，都有着丰富而多姿多彩的传说、神话或故事，这就是人类早期诗性智慧的直接体现。诗性智慧依靠的是人的感觉，而非理性。这种灵动的感觉萌生于健壮的身体，丰富的想象力也由此衍生，在想象力的驱动下，神灵、鬼怪、精灵等超自然事物也随之出现。

这种原始思维尤其生动，擅长于虚构各种事物，并认为万事万物都有灵魂。因此，正如我们所知道的，那些原始人类总是有着远远超过我们的模仿能力，与之相反地，他们的推理能力则并不完善，甚至完全没有抽象思维。到了文明社会，人们将一切都诉诸真实，将一切虚构排除在外。这也就是解释了为什么原始人类能创造出属于各民族的犹如史诗一般的神话体系。

维科指出，人类是先开始认识自己的身体，才开始进一步认识其他事物的，"原始人类习惯于用人体的各个器官以及自己的主观感受来生动地比拟自己对世界的理解"。这种比拟具体表现在语言上，就是所谓的隐喻。比如，在人们的语言里，裤有"腿"、稻谷有"须"、果有"肉"、山有"腰"等，也就是说，人类以自己的身体结构为参照物，最终建立起了这个世界，人们对于世界的种种认识都是对自身身体的一种延伸。

上述种种是人类语言的普遍规律，为什么会这样呢？远古时期，不同民族的人们相距甚远，受高山河流所阻隔，少有往来，甚至根本就没有往来。可见，并不是后天因素在其中发挥作用，而是先天因素。维科在《新科学》里将这种人类所共有的先天因素称为心头词典。他指出，这种先天因素是各个民族生而有之的共同因素，正因如此，不同民族的人们才表现出了心灵上或历史上类似的发展规律。

维科所说的心头词典先于人类意识而存在，他将其解释为天意，也就是自然的必然性规律。这种心头词典是语言的核心内涵，且不受限于任何语言形式。世界上存在着多少个不同的民族，就存在着多少种不同的语言，而这些截然不同的语言却遵循着某种必然的规律，传达着相同的意思。因此，各种不同的语言都源自这部心头词典，可以说它就是远古人类所共有的意识。诚然，各民族有着不同的观念、文化、行为等，但归根结底，都是以各自的方式在诠释着心头词典这一全人类的共同意识。

009

康德：人类心智的"哥白尼式革命"

也许，康德是继亚里士多德后最伟大、最具影响力的哲学家。他出生于哥尼斯堡，几乎一生的岁月都生活在那里。这位哥尼斯堡的著名教授有一个故事广为流传，他终身未婚，生活规律，每天定时定点出门散步，当地的很多家庭主妇都按照他经过她们家门口的时间来校准钟表。这个故事很可能是后人杜撰的，但是从这个故事我们可以发现一个事实，那就是康德并不是一个富有冒险精神的人，他对音乐、绘画或其他艺术形式毫无兴趣，而是醉心于逻辑、数学等科学。康德在自己的著作中表明他发现人类思维存在着普遍规律，这种规律永远适用于全人类，并对其进行了深入的阐述。

康德对后世的影响主要是他三大批判著作中的前两部，即 1781 年出版的《纯粹理性批判》，这部著作庞大而晦涩，他致力于发现并论证有关实在的客观判断的潜在原则；1788 年出版的《实践理性批判》则更加浅显易懂，康德在书中试图为道德判断做出理性论证。较之前两者，1790 年出版的《判断力批判》受到的关注较少，主要关注的是美和目的的观念。

康德的第一批判，即《纯粹理性批判》的总体内容可以分为两部分：上部分主要论述了科学知识如何才能成立；下部分主要批判那些旧的形而上学家在形而上学的有关问题上的种种谬误。表面上看来，这两部分所探讨的问题并无多大关联，而事实上，康德探讨它们都是为了对人的主体性及自由进行阐述。

康德指出，世界可以划分为本体与现象两部分：本体是人类的经验难以企及的，是非经验的对象；而现象是人们的经验可以企及的，是经验的对象。知性认识的现象是有限范围内的东西，得到的是自然科学知识，是受必然性支配的；理性要求把握无限的本体，这乃是人的信仰，是自由的。由此可见，限制现象范围，为本体留下了余地；限制知性范围，为理性留下了余地；限制知识，为信仰留下了余地；限制必然性，为自由留下了余地。进而得出实践理性在理论理性之上，本体在现象之上，信仰在知识之上，自由在必然性之上，以上思想在康德的三大批判中融会贯通。

在第一批判里，康德关注的是论证形而上学作为探究主题的合法性。康德认为，诸如莱布尼茨等理性主义者或休谟等经验主义者之间久久僵持不下的局面让形而上学一度名誉扫地。被理性主义者称为"形而上学判断"的这一所有知识建立的基本原则完全是通过理智来认识和论证的。经验主义者则持截然相反的观点，他们声称人类心智就如同一张白纸，或是一块白板，等待着经验世界在上面书写。

康德聪明地找到了一种折中的办法，将这两种截然相反的观点糅合在一起。他的基本见解源于这个问题的提出："获得任何经验是以什么作为必要先决条件的？"在他看来，人类想要诠释这个世界，人类心智必须利用某种框架来组合、整理感官接收到的五花八门的信息。在康德的哲学体系中，他将实体、因果、必然、可能、交互、实存、总体、统一、限制、现实和否定等统称为范畴，接着，他梳理了以上范畴与作为直观形式的时间与空间之间的关系。他认为，人类心智可以将这三者置于现象经验之上，以弄清种种经验现象。康德骄傲地将这种思想称为一场人类心智的"哥白尼式革命"，传统观念认为太阳围绕着地球转，哥白尼彻底打破这一观点，而康德则解决了人类心智是如何从经验当中获取知识的这一关键问题。在他看来，人类心智将原则凌驾于经验之上，进而产生了知识。这一观点对之后 20 世纪的格式塔心理学家影响深远。

010

010

叔本华：抑制想象的空中楼阁

　　纵观我们周遭的事物，要么让我们幸福，要么让我们痛苦，叔本华在此基础上指出，我们须尤其注意不要在幻想的驱使之下构建那些虚无缥缈的空中楼阁。在叔本华看来，来自想象的空中楼阁有诸多弊端：其一，我们将为之付出昂贵的代价，我们不得不尽快将这些虚幻的想象推翻，种种悲伤与痛苦也会随之而来。其二，我们还应该时刻提防，不要想象那些莫须有的灾难并为之黯然神伤。某些灾难发生的可能性很小，我们应当尽快从幻梦中清醒过来，认识到这不过是一场虚幻。

　　叔本华认为，基于想象的空中楼阁于人们的生活是无益的。我们只有推翻这些空中楼阁，才能以更大的热情投入现实生活中，而幻想唯一的作用也许是告诫人们不幸仍有发生的可能性，而这种可能性微乎其微。

　　在叔本华看来，那些来自想象的可怕梦魇甚至比真实的灾难更直接地威胁着人们的生活。人类总是习惯透过想象力那一层虚幻的面纱，去窥视可能发生的灾难。这种水中望月、雾里看花的境况，让它们比现实生活中的灾难更可怕、更面目可憎。叔本华认为，人们一旦从那些令人愉悦的美梦中清醒过来，就能立即摆脱，回归现实；而这种奇特的梦幻却如梦魇一般，如影随形。究其原因，那些愉悦的美梦在现实中很快破灭，最多留下一丝丝若有若无的希冀。然而，与之相反地，我们一旦沉浸于悲观、沮丧的情绪里，幻觉就不会轻易消散，而会对我们的生活产生持续的影响。人们总是能轻易意识到幻觉，却无法精确估量可能性的范围，可能性总能在一定条件下转化为可能的事物。于是，我们免不了陷入自我折磨之中。因此，叔本华告诫世人，"我们切不可杞人忧天，而要从容不迫地思考并解决问题。在此过程中，我们不应该放任想象发挥作用，因为想象并非判断，它能促使种种幻觉产生，而这些幻觉又会引发一系列痛苦而沮丧的心情，直到拉着人们坠入深渊。"

比起白天，人类的想象在夜晚更加肆无忌惮。黑夜悄悄为万事万物蒙上了一层神秘的面纱，让人不明就里。试想想，在我们入睡之前或是半梦半醒之间，我们的思想总是处于一片混乱，现实与梦境前后颠倒，混为一谈。这时候，如果我们专注于思考有关自己的种种事情，这些事情经常会显得尤其面目可憎。然而，当晨曦降临，那些恐怖的幻想就会统统消散，就如那则西班牙谚语说的："白昼是透明无色的，而夜晚是光怪陆离、五光十色的。"

到了暮霭笼罩的黄昏，哪怕点燃点点烛光，思想就像一双眼睛一般，不能像白天那样清晰地看待并辨别事物。叔本华提醒人们，黄昏时分不适宜进行理智而严谨的思考，尤其不要陷入那些让人不快的事物的沉思之中。我们要知道，对于人们的沉思而言，每天清晨是最好的时机，因此，不管精神或肉体上，我们都应该竭力利用好这个时间段。清晨，人们的体魄强健有力，能自如地运用各项能力。因此，我们要好好珍惜清晨那段宝贵的时光，不要在徒劳无功的事务中将其消磨。在叔本华看来，就某种程度上而言，清晨那段宝贵的时光乃是生命的根本。每个新的一天都是一次短暂的生命之旅，万物在清晨复苏，宛如获得新生；而后，万物陷入安静的沉睡之中，睡眠就像一次暂时的死亡。

叔本华认为，抑制想象，不要任由其肆虐，就会阻止那艘风帆驶向让人痛苦、沮丧的过往，让我们渐渐忘却肉体或精神上曾受到的伤害。这样一来，我们就会振奋精神，以勃勃的朝气投入新生活，彻底埋葬那些面目可憎的情感。对于那些让人不快的事情，与其一味地沉湎于其中，更理智的做法是选择漠然置之的态度。唯有如此，面对困难的时候，我们才能应付自如。

011

孔子：做天真无邪的人

《论语·为政》有云："《诗》三百，一言以蔽之，曰'思无邪'。"天真无邪是人的一种纯真状态，这样的人总能让其他人获得安全感。然而，普天之下却有一道大难题：人们都喜欢让对方纯真无邪，但自己却难以做到。

在孔子看来，一句话就足以概括《诗经》三百首，那就是纯洁无瑕。孔子是个不折不扣的妙人，他的有趣证明之一就是他将《关雎》这首情诗纳入《诗经》里并作为开篇第一首。毫无疑问，《关雎》是一首纯粹的情诗，而孔子将其作为《诗经》开篇第一首，无异于暗示读者：《关雎》是整部《诗经》要表达的核心内容，甚至可以说是它的灵魂。

《诗经》被后世视为神圣经典，很多人甚至希望从它的开篇就能读到高尚的字句，然而，他们失望了。他们不能理解，为何孔圣人要把这首平凡无奇的《关雎》放在最前面。原因在于他们不懂孔子的苦心，也不理解《诗经》的妙处。

孔子早在千百年前就明确指出《关雎》是情诗，正所谓"夫情诗者，为情所作也，为情人所作也"。事实上，除了《关雎》，《诗经》里还有很多情诗，比如《有女同车》《河广》诸篇。甚至《诗经》里还有直白描述幽会野合的诗篇，比如说《野有蔓草》一篇："野有蔓草，零露漙漙。有美一人，婉如清扬。邂逅相遇，与子偕臧。"其中的"臧"与"藏"同意，"邂逅相遇，与子偕臧"的意思是，今天与你相遇，我们就藏起来一块儿玩吧。和女子藏在蔓草之间玩耍，言下之意就是野合。这种表达直白而坦荡，与其说是暗示，不如说是明示。除此之外，《诗经》里还有直接歌颂男女性爱的诗篇，比如说《野有死麕》："野有死麕，白茅包之。有女怀春，吉士诱之。"

《诗经》由孔子亲自编订而成，他倾尽一生的学识与智慧，才成就了这部"情诗大全集"，究竟是何用心呢？其实，孔子早已直言不讳地道出了心中所想："《诗》三百，一言以蔽之，曰'思无邪'。"人心最完美的状态就是，既不纵欲，也不禁欲，情之所动，随心而为，这也就是真正的无邪。从某种角度来说，"思无邪"与孔子所提倡的快乐主义是彼此相通的。

孔子告诫世人，"游于艺"，也就是让人们在艺术里畅游，而人生是诸多艺术中最关键的一门。孔子对世人遭受的痛苦心生悲悯，于是给人们的心病开出了"思无邪"这剂药方，让人们在天真无邪的状态中享受快乐。

第八章 | 是相对，还是绝对：

哲学这样看自由

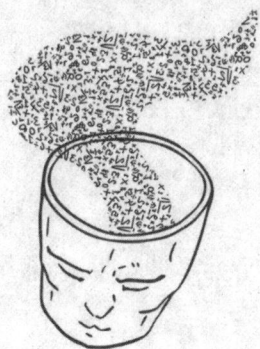

001

孟德斯鸠：自由以法律许可为前提

孟德斯鸠曾说："自由并不是无限制的自由，而是能做法律许可范围之内的任何事情。"换言之，如果一个公民有权做法律许可范围之外的事情，那么，他就会失去自由。这就是孟德斯鸠关于自由的看法。

1689 年，在位于法国波尔多附近一个名为拉柏烈德的大庄园里，孟德斯鸠出生了。他的母亲有着英国血统，出身贵族，他的父亲是军人，他的祖父和伯父都先后在波尔多法院里出任院长。可见，孟德斯鸠是含着金钥匙出生的，并且自幼就接受了最好的教育。

孟德斯鸠学识渊博，极具天赋。7 岁那年，他的母亲早早离世，但这件事并没有给他造成太大的打击。1700 年，他来到学校，开始了他的学习生涯，直到 1705 年，顺利完成了中学学业。19 岁，他大学毕业，成为一名年轻的律师。1715 年，他与妻子结婚，而他的妻子随身带着足足 10 万英镑作为嫁妆。一天之间，年仅 26 岁的孟德斯鸠就成了不折不扣的富人。尽管如此，孟德斯鸠并没有患上所谓的"富贵病"，他保持着精神上的清净与高雅，绝不愿沦为庸人。他以极大的热情投入史学、法学、哲学、自然学科之中，并且造诣颇深，还先后撰写过多篇专业性论文。而且，孟德斯鸠的学问与法国当前的社会现实密切相关，因此，他的学术观点一经发表就获得了社会各界的关注与认可。

孟德斯鸠再三提倡资产阶级的自由与平等。与此同时，他又多次指出要实现自由就必须依靠法律加以约束，政治自由并不代表着任意而为，想做什么就做什么。正如他所说："倘若一个公民拥有了做法律允许范畴之外的事情，那么，他就不再拥有自由，因为其他的公民和他一样，也拥有这个权利。"换言之，如果一个公民可以强迫别人做他不愿意做的事情或是说他不愿意说的话，反之，别人也有权强迫他做他不愿意的事情或说他不愿意说的话。这样一来，每个人的自由就再也得不到保证了。

此外，孟德斯鸠还深入考察了自由与政体之间的关系，并做出了精彩的阐述："就表象而言，那些政治氛围比较宽松的国家拥有自由；就本质而言，自由与政体的关系反倒没那么密切，而只存在于那些权力未被滥用的国家里。因此，我们可以用一个标准来衡量某个政体是否真的有自由存在，那就是任何人都有权做法律允许范围之内的事情，任何人都无权做法律允许范畴之外的事情。"

可见，法律对自由的意义非同一般，那么就应该白纸黑字地把法律条款写明白，让每个人都能充分了解。此时，法律成为践行公民意志的一种强有力的手段——经过准确无误地表述后，法律就能有效地保护统治者手里的权力不能损害公民的自由。然而，法律就一定意味着自由吗？对于这个问题的答案，孟德斯鸠显得有些迟疑。究其根源，是因为他对法律有着两个方面的担心。

首先，最让孟德斯鸠担心的一点是，虽然自由源于法律，但法律并不能意味着所有一切。和法律一样，自由也能缘起一些规矩、习惯或风俗，而这些东西同样也能反过来限制自由。基于以上事实，公民有可能获得法律上的自由，而事实上并不自由；也有可能没有获得法律上的自由，而事实上却是自由的。

其次，孟德斯鸠担心的是，如果法律本身也是专制的，那么它又如何能维护公民的自由呢？孟德斯鸠提出了一个解决的办法，那就是法律要有底线，它应该在正义的基础上建立起来并彰显正义的原则。

也正是出于以上种种对法律的担心，接着，孟德斯鸠又在法律的基础上提出了法的精神，试图从一个更广阔的领域来探讨自由与法律之间的关系。正如孟德斯鸠所说："我在这里探讨的是法的精神，而不是法律，这个精神不仅存在于法律之中，更存在于为人们所认可的种种事物的关系之中。"可见，法的精神其实是法的文化，是建立法律所依赖的社会、历史、文化等各方面的基础，更是让法律能够运转下去的外界环境。由此可见，孟德斯鸠真正关心的并不是法律，而是隐藏在法律背后的社会、历史、文化等各方面。相较于他所处的那个时代，毫无疑问，他已经带领着人类社会向前迈进了一大步。

002

尼采：意志成就自由

在哲学界最古老的几大争论焦点之中，要数决定论与意志自由论之间的争论最引人注目，与此同时，也最让人烦恼。这个问题几乎困扰着所有哲学家，他们的内心上演着一场天人交战。当然，这无可厚非，毕竟这一问题直接关系到人们对其自身在宇宙中所处地位的理解。纵观哲学史，断然拥趸绝对决定论的哲学家不在少数，然而，断然拥趸绝对自由论的哲学家则很少见。事实上，大多数哲学家是在两者间摇摆，比如伏尔泰、斯宾诺莎就从意志自由论转而投向决定论，也有人试图在二者间找到某个平衡点，从而实现折中的状态，比如康德、费希特就提出将人一分为二，因果律支配着现象界的那部分人，而本体界的那部分人则拥有意志自由。一个有趣的现象是，虽然叔本华和尼采都自称为意志论哲学家，但是，他们都不认同意志的绝对自由，也就是说，他们反对意志自由论。

叔本华在这方面继承了康德的观点。在他看来，处于现象界的人们不拥有意志自由。然而，康德认为，本体界的人们在某种程度上保留着意志自由，虽然人们无法证实这种自由，但是，人在尘世生活中时常彰显出这种道德。然而，叔本华对本体界的人们所拥有的意志自由也持否定态度，他认为，人在本质上就是现象界的，他们只是以个体化的形式来表现世界意志。每个人的意志就是每个人原本的自我，早早就被决定了，是既成物。如果要问一个人的意志是否是自由的，这无异于问他能不能变成另一个人。对于意志而言，它只有彻底摆脱现象形式，重新回归为本体界的世界意志，才能获得自由。然而，人在本体界里找不到属于他的位置。因此，在叔本华看来，解脱的唯一途径就是人自愿地泯灭自己的意志，彻底摆脱世界意志的支配。

对于意志自由，尼采也持否定态度，但他的出发点与叔本华不同。

首先，他试图来分析意志这种心理能力，尝试着揭示蕴含于其中的心理机制。斯宾诺莎说过："在很多人看来，意志是自由的，原因在于他们只能感知自己的意志，却完全不了解决定意志的各种因素。"尼采同意斯宾诺莎的观点。他认为，叔本华的谬误之处在于他从没有对意志进行过分析，其实，意志只是被设置得很精巧的机械装置罢了，而人们往往不能察觉这套机械装置完整的运行过程。

其次，批判基督教的伦理观念是尼采竭力否认意志自由的根本出发点。意志自由强调人能够通过意志实现自律，有决定自己的意志并支配自己的行为的自由。尼采的这一观点产生了两方面的影响：一方面，个人对自己的行为承担了更重的责任，对这一点尼采并不反对；另一方面，社会或上帝的责任也被一并开脱，所有罪恶都由个人承担，某些基督教思想家恰好利用了这方面的影响，这是最为尼采所厌恶的。很多基督教思想家认为，上帝是至善的化身，人既可以秉承造物主的旨意而为善，也可以从自己的意志出发而为恶，因此，人必须为自己犯下的种种罪恶而赎罪。对此，尼采表示："事实上，人们发明了意志的有关学说，其目的是为了给人施加惩罚……人被视为是'自由'的，这样一来，他们就要为自己的罪行负责，就能施加判决与惩罚……"

纵观康德、叔本华和基督教的有关观点，虽然他们在反对或支持意志自由这一点上有所区别，却一致认为人拥有某种超验的本质。从康德的角度来说，人的超验本质是人的真我，也就是本体界的人，因此，人也拥有了超验的自由意志。从叔本华的角度来说，人是意志的现象形式，人的宿命就是不自由的。然而，对于任何关于超验本质的观点，尼采都坚决反对，他不仅反对意志自由，还反对以人的超验本质为基础的超验的意志自由。

遵循着同样的逻辑，他对超验的决定论也持反对意见。

纵观哲学史，意志自由的有关命题始终服务于人类道德的相关论证，尼采试图否定的正是这种自由。他认为，恰恰在道德领域里，人的任何意愿或行为都可以利用决定论来进行说明、辩护，因此，不能利用意志自由的名义给人们扣上罪名。然而，如果脱离道德领域，个人意志从世界生生灭灭的规律中一直传承而来时，意志却拥有了自由。这就是尼采所倡导的创造的意志。

在尼采看来，宇宙有生有灭，无时无刻不处于生成变化之中，这是世界意志的一种创造行为，同时，他也把人的种种创造行为视为个人意志对宇宙生成变化的自觉体现。因此，他说道："对于一切无常而言，时间和生成是最高的赞美、最有力的辩护。"那么，创造者呢？"他为一切无常代言和辩护。"就创造者的意志而言，生成是其永恒的向往，而生成就是自由。尼采针对这一层面说道："意愿让人自由，这是意志与自由的羁绊。"

003

卢梭：唯有自由，让人成为自己的主人

年少时，卢梭就熟读普鲁塔克所著的《名人传》，由此萌生爱自由、爱共和的思想，而这种思想也伴随着他走过了之后漫长的人生岁月。他所著的《论人类不平等的起源和基础》一书于1755年出版，他在扉页上写着将此书献给自由的国度——日内瓦共和国。

当时，法国仍处于封建君主专制的统治之下，然而，他在众多臣民中是出生在共和国的人，他毕生都以此事为傲，也深深地为自己作为"一个自由国家的公民"而感到骄傲。在给读者签名的时候，他习惯写上"让·雅克·卢梭，日内瓦公民"，表达着自己对自由、对祖国的热爱。卢梭多次说道："我希望在一个民主国家自由地生活，并在那里自由地死去。"他这么说了，也这么做了。卢梭终其一生都在追求自由，以自由为人生的终极目标并为之奋斗。

无论是在上流社会的觥筹交错之间，还是在"加官晋爵的飘飘然之中"，或是在"虚荣迷幻的烟雾之中"，总而言之，他凭借着努力获得了各种乐趣与荣耀，但他从没有片刻放弃过对自由生活的孜孜以求，他向往自由的精神如奔腾的江水一般，滔滔不绝。对他来说，比起自由，任何财富、名望、荣耀都不值一提，当年路易十五要赏赐给他年金，但他唯恐失去自由与独立，断然拒绝。这足以证明他对自由的执着与珍视，也说明正是自由支撑着他，一生从不妥协于封建专制的重压。

那么，究竟什么是自由呢？卢梭就自由发表过各种看法，总而言之，他认为自由就是在法律允许的范围内"做任何自己想做的事情"。他认为，光是被欲望所驱使，不过是失去了自由的奴隶，只有当人们服从于他们自己所制定的法律的时候，他们才获得了真正的自由。然而，当时法国的真实情况又如何呢？那些遵纪守法的公民毫无自由，而那些违法乱纪的封建统治者、上流社会的精英却成了自由的获利者。这个社会黑白颠倒，正义与荒唐完全错位。正是在这样的历史背景下，卢梭才抛开一切，努力追寻着一种与道德相符的自由。

那么，卢梭为何要把自由与道德结合起来呢？他认为，自由与平等是人们与生俱来的权利，因此，每个人都享有向往并追求幸福生活的权利。但是，当人们寻觅并追求幸福的同时，还面临着两难的问题，那就是如何处理自己与他人的利益、个人与社会的利益之间错综复杂的关系。

在卢梭看来，如果一个人为了自身利益而有损于他人利益或社会利益，那么，虽然他"做的是自己想做的事"，也因此拥有了自由，然而，这种自由是以不道德作为基石的，可见，这种自由本质上是不道德的，是不可取的。这就像强盗通过破坏、侵占他人的利益而获得自由与幸福，这也是不道德的自由。就像卢梭说的，有的人生活在这种自由里，却虽生犹死，没有幸福可言。卢梭对自由的界定很有积极意义，他将自由区分为道德的自由和随心所欲的不道德的自由。因此，卢梭主张在追求自身利益的同时，要尽力不损害或少损害他人或社会的利益，在做完自己想做的事情后，能积极地回馈他人和社会。而那些生活在这种道德自由中的人，虽死犹生，他们的生命也因此有了正面意义。以此为出发点，他说道："在我看来，世界上最美好的人正是那些罔顾财富与非议，在道德的底线上享有自由的人。"

004

卢梭：自由是社会契约的基础

法国大革命伊始，就有法国人敏锐地察觉到法国式的自由理想是自相矛盾的："我们已经迅速从奴役走向了自由，而我们正更迅速地从自由走向奴役！"其实，法国大革命之前卢梭就已经在谈到了这种矛盾的存在。

卢梭向来自认为是自由者，他在《社会契约论》第一卷刚开始时就写道："我是自由国家公民中的一员，我也是主权者中的一员，也许我的呼声在公共事务中仅能产生微乎其微的影响，但我拥有对公共事务的投票权，这说明我有义务研究它们。我总是沉浸于对各种政府的思考之中，这时我就会欣然发现总是能找到一些理由来对我们自己的政府报以热爱。"

接着，卢梭以一个自由者的立场提出了"人生而自由，却无往不在枷锁之中"的著名命题，这是针对"人是生而不自由的"王权专制而提出来的。费尔马是英国王权专制论的代表人物之一，"没有人是生而自由的"是他的理论体系的核心观点，并以此作为绝对君主制建立的基石。卢梭与他针锋相对，提出"自由是人们共有的人性之产物。人性最基本的法则乃维护自己的生存权；人性最基本的关怀乃予以自己最适当的关怀；随着一个人到达了一定的年龄并拥有了理智，他就可以判断哪些方法是适合维护自身生存的，也就从那一刻起，他成了自己的主人"。

以"人是生而自由的"这一命题为基础，卢梭又进一步阐述道："却无往不在枷锁之中。"为什么会发生如此矛盾的现象呢？这个问题很难回答。在《爱弥儿》第一章里，卢梭对他所观察到的这种现象进行了细致的阐述，他写道："世间之物，凡出自于自然，皆是好的，凡经人之手，就变坏了"；"人类的智慧都无法摆脱奴隶的偏见；人类处于自己习惯的奴役、束缚和压抑之下。由生到死的这段时间里，任何人都摆脱不了这种羁绊。"

那么，这种现象又是如何获得合法性的呢？卢梭也给出了答案："当人们选择屈从时，他们做对了；当人们选择打破枷锁时，他们更是做对了。人们正是根据他人剥夺他们的自由时所依据的权利来使自身的自由得以恢复的，因此，这就是人们重获自由的根据；若不如此，别人也就毫无根据剥夺他们的自由了。"卢梭笔下写到的这种权利其实就是社会秩序，它是其他权利的基石。然而，社会契约并不是自然的产物，而是建立在约定的基础上的。简单点说，民众的生活处于合法的桎梏之下，这是因为人们早就约定好，并在约定的基础上建立了一系列社会秩序，于是人们才生活在这种社会秩序的桎梏下。

在卢梭看来，政治社会的初始模型就是家庭，它是唯一的古老而自然的社会形态。当孩子要在父亲的养育下才能生存时，他依附于父亲。然而，一旦他不再需要父亲的养育，父子之间的联系也就自然而然地瓦解了。父亲不再理所应当地照顾孩子，孩子也不再理所应当地服从父亲，双方在同一时间恢复了最初独立、自由的状态。在这之后，如果父子之间继续保持某种联系，那这种联系就是出于自愿，而非出于自然。这时，就是靠约定来维系家庭。从家庭折射政治社会，君主就是父亲，民众就是孩子；自由与平等是与生俱来的权利，只有人们为了谋求自身利益时才会让渡自由。

可见，卢梭认为，民众生而自由，国家是民众经过自由协商而产生的，一旦有人强行剥夺了这种自由，那么，失去了自由的民众则拥有了强行夺回自由的权利。

005

但丁：走自己的路，让别人去说吧

　　所谓文艺复兴，指的是复兴古希腊罗马时期的文艺，但是在复兴文艺的旗号之下，人们致力于复兴的是古希腊罗马时代的理性精神与人的尊严。因此，正如后世人们所说的，文艺复兴发现了人。

　　但丁是文艺复兴运动的先驱者，他明确反对教皇干预政治，提出政治与教会分离。他在《神曲》里把教会和国家比喻成两个太阳，前者照耀着精神世界，后者照耀着世俗生活，这是对教皇高于国王、教权高于世俗权力等认识的否定。在他看来，政教合一是当时社会上种种罪恶的根源："如今，罗马教会把两种权力都揽在怀里，落入泥潭之中，她自己也好，她怀抱中的也好，统统都是污秽！"当时，僧侣阶层为了谋取私利私底下都干着敲诈、勒索、买卖圣职等见不得人的勾当，而但丁将其比喻为"披着牧羊人衣服的豺狼正不分昼夜地以基督的名义干着无耻的买卖"。

　　他在《神曲》中让许多早就死去的教皇或僧侣都堕落进地狱里，在那里遭受着各种严刑酷法的惩罚。但丁不留情面地揭开了教会和教皇的遮羞布，狠狠地抨击他们的种种丑行，成为后世推行宗教改革的人们的领航者。当时，意大利正处于天主教会和罗马教皇几近严苛的统治之下，但丁的这些做法是极其勇敢的，甚至是将生死置之度外的。

　　此外，在中世纪残酷的宗教统治背景下，但丁极力主张个性解放、个性自由、个人的情感和对知识的孜孜以求，并展现了他个人对世俗生活浓烈的兴趣。在他看来，人类的理性与自由是与生俱来的，人生的终极目的就是追求真理与至善，这正是人与其他动物的区别。他写道，"生而为人，当爱情鼓动我的心灵时，我就遵从我的内心"，"自由的意志，是上帝创造人类的时候最珍贵的馈赠。这是智慧的造物才享有的"。可见，在但丁看来，再没有比抒发个人意志、铸就个人命运更重要的事情了。

但丁极其推崇古希腊、罗马时期学者的思想，认为人类对知识的追求是最崇高的。他与教会针锋相对，将古罗马诗人维吉尔奉为人生导师，称之为智慧之海。但丁所做的一切都是在试图肯定人生及其世俗活动，这正是文艺复兴时期的主流观念。正如但丁借尤利西斯之口所说的："人应该追求知识与美德，而不能如走兽般活着。"他处在一个新旧交替的动荡时代里，他的哲学思想深受基督教神学观念的影响。正如他自己所说的："我深陷于重重疑团之中，在我的胸中，'是'与'否'正打得不可开交。"他认为现世生活是来世生活的前奏，因而应当予以歌颂。他将基督教诸如希望、信仰、神爱等神学的美德视为至高无上的道德标准，并提倡人们遵循宗教道德观来完善自我。他狠狠地揭露教会的阴暗面，又不愿意从根本上否定宗教，甚至认为神学是高于哲学的存在，唯有依赖于神学，人类才能在追求信仰的路上抵达至善的境界。他一方面极力批判封建社会，另一方面又希望神圣罗马皇帝能最终统一祖国。

纵然但丁身上体现了以上种种矛盾性，但他仍然是伟大的，他是文艺复兴时期人文主义思潮的拓荒者。就像恩格斯对他的评价，"但丁是中世纪最后一位诗人，与此同时，他又是新时代最早的一位诗人"。

006

斯宾诺莎：自由源于理性

　　《伦理学》是荷兰著名哲学家斯宾诺莎的经典之作，内容广泛而丰富，并不局限于伦理学。书中从宇宙的本原谈到了物质与精神的关联，甚至于人的意志，几乎将人类的全世界包含于其中。他给这本书之所以取名《伦理学》是因为他认为人生的至高之境就是人的自由与德行，这是他所构建的哲学体系的最终归宿，也被他视为人生和宇宙最根本的归宿。

　　斯宾诺莎认为，实体是宇宙的本原，也是万物的来源。那么，实体究竟是什么呢？他指出，实体是自因，简言之，它自身就是自身存在的原因，而不依托于任何其他事物而存在。因此，实体是一切事物最终极的存在，往前再也无法追溯。他指出，这种实体具有某种神性，甚至直接称之为神也无妨，因为它早已超出了人类的理解范畴。神，即实体是推动万事万物存在的因，在神的推动之下，万事万物才得以存在与运动。这里所说的神与宗教里的神不一样，它与自然是一致的，作为万物存在的内因而存乎于自然。

　　由此可见，万事万物的存在都要依托于神，只有神，或者称之为实体才是真正自由的。自然的万物都是在神的支配下产生的，也就是说，它们都是神的派生物。因此，万物的存在并非偶然的，而是必然的。

　　物质是神诸多属性中的一种，因此，神是一个有着广泛外延的概念。神的另外一种属性是思想，我们也可以说神是可以思考的。

　　斯宾诺莎认为，人的自由源自理性，而人是先认识并理解了神，才进而获得了理性。越是深刻地认识并理解了神，人所拥有的理性也越是深刻而独立。基于这种认识体系，理性将万物的存在都视为必然，并能认识其必然的规律，也就是说自由本身也是对必然性的一种认识。

同时，理性可以控制情感，自由随之产生，也就是说，欲望是人的本能，但人处于欲望之中时也是不自由的，因为欲望所渴求的对象会约束人的意志；唯有用理智对人的欲望加以制约，才能获得自由。欲望的内涵很丰富，它既包括各种情感，也包括喜怒哀乐等各种情绪，但它并不神秘，只是一种自然现象罢了。欲望就像其他的自然现象，也遵循着相同的规律，因此，人们可以认识自然现象，也可以认识欲望，二者并无区别。如果理性足够强大，就能有效地约束欲望，人就有可能获得更多的自由与幸福感。

斯宾诺莎认为，人与神的统一堪称人生的至高之境，这种统一让人与不生不灭的实体合二为一，凌驾于种种俗世的欲望之上，能够以理性制约情感，从而抵达了真正自由的境界。只有这种人才能称之为真正自由的人，他能完全按照理性来付诸行动。他不会做出任何非理性的行为，避免了与俗世、俗人的种种纠纷。世人趋之若鹜的名利、性爱、感官享受等，他都视若无物，而是竭力追求永恒的真理。而真理的奇妙之处在于它永不会枯竭，无论多少人分享也不会减少分毫。唯有面对着永恒的真理，人们才会获得真正的和平与安宁。

在斯宾诺莎看来，唯有圣人，即神圣之人能达到这重境界。这样的人拥有高尚的道德，就像斯宾诺莎形容的："他毫不畏惧死亡，他的智慧是生之沉思，而非死之默念。"斯宾诺莎本人就将自由作为人生的最高目标：他致力于保持内心的自由，但在行动上遵纪守法；他诚实守信，绝不欺骗他人；他生活独立，绝不接受施舍，如此一来，人格也获得了自由与独立。而他本人也由此享受到了源于自由的幸福人生。

007

萨特：选择是困难的，但你必须选择

在萨特看来，是人创造了价值，"各种价值皆以我的自由为基础"，正是"我"维持着价值存在。他认为，对于价值自身而言，它是不存在的，没有了人的选择，它也就丧失了价值。因此，"价值恰恰是你选择的那种意义"。

人的一生中不得不进行各种选择，因此，"价值无处不在，又处处不在"。根据萨特的描述，价值是一种飘忽不定的东西。按照他的说法，就根本上来说，外部世界是偶然性的、荒诞不经的，不可捉摸的，人们不可以认识世界，因此，也无法把握世界。同时，萨特还指出，外部世界唯一的功能就是被动地等待着人们的创造力介入，然而，人们也的确在不断尝试着把握这个世界，然而，这种企图最终都是一场空。

比如说，萨特所写的《墙》《恶心》这两部小说，他借助主人公的口吻传达了这样的思想：在虚无的世界里，一切都是偶然的，人生没有任何目的或理由，人的存在完全由偶然决定。

人拥有自由选择的权利并要为自己的行为负责，那么，人生必然充斥着各种孤寂、烦恼与绝望。萨特指的烦恼，主要是当人们在责任感的驱使之下做出某项选择时左右为难的心理。可以说，人在拥有自由的同时，烦恼也注定随之而来。

在萨特看来，任何人选择某种行动都不是随心所欲的，而要遵循一定的道德原则来做出选择：当某个选择不受道德原则约束的时候，就只是个人任性而盲目的下意识活动。萨特认为，但凡以追求自由为目的的行为，都是符合道德准则的行为，是值得被肯定的。萨特为了进一步说明这一点，还举了例子，在《弗罗斯河上的磨坊》这部小说中，主人公马吉·塔利佛为了成全他人的幸福而牺牲了自己的幸福，忍痛放弃了她的心上人；在《巴马修道院》艺术中，主人公桑塞菲林娜追求自己的幸福，却罔顾他人的幸福，为了满足一己之私不惜牺牲他人的幸福。对此，萨特评价道："我们在书中遇见了两种对立的道德观，然而，我认为它们是对等的，因为自由是这两个事例中最终的目的。"

此外，萨特还举了另一个例子，第二次世界大战期间，曾有一个年轻人向他提了一个问题。当时，这个年轻人面临着两难的局面：离开年老体弱的母亲，参与抵抗运动，还是留在家中，服侍母亲，任由德国侵略者侵犯自己的故土。然而，无论选择哪一条路，都面临着可怕的后果。于是，年轻人几经辗转，找到了萨特，请求他为自己指点迷津。萨特回答他："没有一般性的道德准则能作为你的参考，但你记住，你是自由的，你可以自由地选择。"

通过萨特的回答可以发现，他不认为存在一般性的道德准则，然而，他在这两则例子中都将自由作为一般的道德准则。正因为如此，唯有那些企图拥有绝对自由的人才是不道德的，原因在于他们试图用固有的道德准则为他们自私的行为进行辩护，从而逃避某些责任。然而，萨特认为，应该对这些不道德的行为进行无情的揭露。

不可否认，存在主义有其过人之处，不愧为当今最伟大的思潮之一。西方社会的理性文明高度发达，久而久之，人的情感、个性、存在都被压抑乃至泯灭。正是以萨特为代表的存在主义者为西方社会的年轻人找回了失落已久的自我，挽回了人类的尊严。长期在寻觅着迷失了信仰的年轻人再次找回了信仰，存在主义在这方面有着突出贡献。然而，存在主义就本质来说是非理性的，因此，也有着明显的局限性。

第一，存在主义者提出了"存在先于本质"的命题，由此指出人拥有绝对的、无限的自由，然而，人是生活在社会中的群居性动物，一旦你的自由有碍于他人，你还能拥有绝对且无限的自由吗？可见，无论是自由还是责任，都是相对存在的，无限的自由必然有无限的责任与之对应，而其实这根本不可能。因此，萨特在后期逐渐放弃了绝对自由的说法。

第二，不能将各种不正常的心理体验视为人的本质存在。在西方社会里，科技文明高度发达，包括烦恼、忧虑、焦虑、孤独、恐惧等很常见，然而，这只是一种常见的现象，绝对不是人的本质。

从萨特的哲学观点可知，西方人对于工业文明和现实生活对人性的蚕食怀着强烈的不满，他们试图另辟蹊径，寻求失落已久的自我，寻求人生的真谛，然而，他们能否找到呢？

008

黑格尔：自由的三重奏

根据不同的情况，黑格尔将意志自律区分为三种不同的自由形式：直接或自然的自由、反思的自由、理性的自由。

黑格尔认为，当人出于自然自由从而做出某个选择或决定的时候，往往是自然的冲动占了上风。接着，黑格尔又指出，反思的自由是一种过渡形式，介于理性自由与自然自由二者之间。当人拥有反思自由时，那么他已经具有理性思考的能力了，以追求幸福作为宗旨。在这个过程中，人们努力避开那些欲望或冲动的倾向，并在这些欲望和倾向中进行筛选，竭力让它成为谋求幸福的全盘计划里的关键部分。在黑格尔看来，反思是一种"裁断"自由，可以让人们更深入地理解获得自由的途径。然而，反思自由也有局限性，它错误地将欲望和倾向视为人们教养与天性的规定者，而事实上，人们的各种行为并不会全盘服从欲望与倾向，而是选择性的。

黑格尔指出，就自我决断方面来说，理性自由又向前迈进了一步，它要求站在伦理的立场改造或净化欲望，让理性意志创造或决定终极目标，并让其他所有目标都服从并服务于这个终极目标。可见，黑格尔所指的理性自由就是完全的理性自由。他认为，要让一个个体逐渐成长为拥有理性行为或享有绝对自由的人，那么，就有必要让理性的伦理思考来引领欲望。

正如黑格尔所说："任何完整且合理的自由都必然兼顾主观与客观上的自由。"他指出，客观自由是一种行动能力，为了谋求正确的处境而凌驾于欲望与倾向之上，不竭余力地把握事物的普遍性。这种事物的普遍性必然不仅仅局限于我们在谋求幸福的欲望的驱使下进行的各种反思。因此，人们会自觉地将客观自由纳入主观自由之中，从而最终拥有理性自由，也就是绝对自由。

　　事实上，黑格尔所强调的理性自由早已超越了狭义上的幸福，原因就是它遵循伦理的原则将谋求幸福的过程中对自我利益的追求与现实生活结合起来。其中涉及的伦理原则包括尊重人类个体最普遍的各项权利，比如自由、生命、尊严、财产等诸多权利，并将己之所欲施加于人。就家庭生活而言，每个个体在追求自我幸福的同时也推动着他人的幸福，自己与他人之间以爱作为纽带，密切联系着。公民社会里也有类似的现象，比如说，一个人在职场或市场中谋求自身利益，同时，他也为他人利益效劳。接着，黑格尔上升到一个更宏观的层面，他指出，国家归根结底就是顾及他人意志与美德之所在，在国家之中，个体遵循伦理原则与他人有意识地展开合作，为全体公民谋求利益。

　　黑格尔一方面认为理性与欲望是对立的，理性对欲望有净化和教化作用，欲望则能彻底颠覆理性的伦理原则；另一方面，他又将理性与欲望视为构成理性决断体系的关键因素。在黑格尔看来，具体的自由就是理性与对幸福的追求二者之间的矛盾。一旦与理性决断体系分离开来，人们对幸福的追求就违背了自然。于是，他主张将理性与欲望融为一体，不可任意武断。

009

伏尔泰：自由是人性最大的天赋

谈及社会理想，伏尔泰反复提及自由这一概念。伏尔泰将自由视为理想的社会原则并终生为之而奋斗。在他看来，争取自由是启蒙运动各项任务中的重中之重，后来，人们在他的枢车上写道："在他的教导下，我们走向自由。"

正如伏尔泰所说，"人性最大的天赋是自由"，而自由就是"试着去做你的意志绝对必然要求的那些事的权利"，人人都享有自由这一天赋的权利，这种权利只受法规支配，而不应该受到任何侵犯。这里的法规无关封建制度的任何规定，而是真正的立法。

在哲学的意识形态层面，伏尔泰是英伦政治哲学的推崇者，并大力鼓吹英国君主立宪制度，认为这是调和、缓解各阶级矛盾的有效方法。因此，在论述有关自由的观点时，他常常以英国作为例子。他认为，在任何封建专制制度之下，人们都丧失了自由，唯有英国才能用法制保障公民的这项权利。

他在《哲学通信》里明确提出，要在人类理性的基础上建立一个法律国家，以确保每个人"人身、财产的所有自由""用笔、用嘴向国家提出意见的自由""信仰的自由"都得以保全。接着，他又在《风俗论》《哲学通信》等著作里指出，人们信仰的自由有赖于新的政治制度来保障，在英国，"每个人都能随心所欲地根据自己的方式来供奉上帝"，"每个人都能选择一条自己喜欢的路，一步步走向天堂"，这一切都是以君主立宪制为基础的。人们四处传播着伏尔泰自由、平等、取消特权的思想，人们的理性在此期间被一点点唤醒。无论是理论上，还是思想上，都为后来那场声势浩大的法国资产阶级大革命做了充分的准备。

伏尔泰在世的时候并未能亲眼见证这场被写进历史的大革命，然而，他极具前瞻目光，早已预言了这场蠢蠢欲动的人类变革："我眼前所见的一切，无不传播着革命的种子，一切革命迫在眉睫，然而，我恐怕没有福气亲眼看见。远处和近处都散布着这种光明，时机一到，革命顷刻爆发！想想看，那番场景多热闹呀！年轻一代真幸福，他们会亲眼见证很多大事。"

伏尔泰去世后 11 年，这场蓄势已久的大革命终于爆发，他虽然没有亲眼见证这场革命，却被后人誉为是这场思想启蒙运动当之无愧的灵魂导师，甚至被人们称为欧洲 18 世纪的思想泰斗。1791 年，在大革命的热浪之中，参与起义的人们将他的骸骨运回巴黎，在国家公墓隆重下葬。人们在他的灵车上写道："他是哲学家、历史学家、诗人，他推动了人类理性的迅速成长；他引领着我们，培养了我们对自由的热爱。"

后来，人们把伏尔泰的心脏进行加工处理，放在一枚小巧而精致的盒子里，保存在巴黎的法国国家图书馆内。盒子上面写着伏尔泰说过的一句话："我的心脏在这里，而我的精神在四方。"正如他所说的，他提出的自由、平等的相关思想在反对教权主义、封建专制的斗争中发挥着至关重要的作用，1770 年美国爆发的南北战争和 1789 年法国大革命都以他的思想作为有力的武器。

010

伏尔泰：特权就是侵犯人权

伏尔泰出生在法国一个贵族家庭，含着金钥匙出生，从小就过着富翁的生活，然而，他骨子里却是一位贵族阶层的叛逆者，是反抗封建专制的不屈斗士。伏尔泰毫不屈服地发表自己的言论，也因此两度入狱，两度被放逐，为了避难背井离乡，度过了十几年凄苦的岁月。

对于人类文明的发展历程而言，伏尔泰不仅是哲学家，他还是历史学家、文学家和社会活动家。他热爱用诗歌作为表达的方式，诗歌里满怀着战斗的激情与果敢，他斩钉截铁地向特权阶层发出挑战："在曾经那个无知而迷信的疯狂时代里，你们把我们践踏在脚下，剥夺我们的财产，让苦命的人儿用自己的脂膏把你们养得膘肥体健。如今，理性的日子已然到来，你们发抖吧！"

在他看来，自然赋予了人们众多永恒的人性，其中就包括自由、理性和情感。可见，人类从生下来那一刻就享有自由、平等的权利。就天赋的生存能力和权利而言，每个人都是平等的；同时，人们享有自由，可以按照自己的意愿采取行动。

就个人层面而言，伏尔泰主张自由与平等；就社会层面而言，伏尔泰主张君主立宪制。他认为，社会要持续地存在与发展，就必须遵循一致的理性原则，除了自爱、博爱之外，公平、自由是其中最重要的原则。

基于伏尔泰对平等的理解，他确立了这些社会理想的有关内容。在他看来，实现个体的平等是以摧毁封建特权、封建等级制度为前提的，"毋庸置疑，任何享有各种天然能力的人都是平等的"。伏尔泰有关平等的理解也经过了一个循序渐进的发展过程。他的哲理诗《论人》写于1734年至1737年，他在文中提出，人人生而平等，无论是穷人还是富人，都必须遵循生老病死的自然规律，他劝告人们对命运的安排全然接受，不要试图改变自己出身的阶级。后来，伏尔泰来到费尔内，频频与下层民众接触，他慢慢意识到，穷人也没有任何义务要屈从于命运的安排。

达官显贵的铺张浪费、教会严苛的税收制度、特权阶层的层层剥削，这一切形式都有悖于人性，是不平等的。他认为，在自然法则面前，人们生而平等，但是当其他暴力因素掺杂其中的时候，有的人成了主宰，有的人沦为奴隶。这时候，只有借助法律这个有力的武器，"法律面前人人平等"也就意味着借助法律让人们获得平等。

在社会阶层、政治权利等方面，伏尔泰主张人人平等，但是，他反对在经济上实现平等。在《哲学辞典》里，他写道："如果地球可以呈现它本应有的样子，如果人们在地球上过着怡然自得的生活，那么，显然不会有一个人奴役另一人的事情发生。"也就是说，人与人之间的附属关系是真正的不幸，但不平等与不幸之间并不能画上等号，经济上的不平等是不可避免的，只能在法律上赋予人们平等的权利。

那么，为什么不平等与特权会在人群中滋生呢？在阐述这个问题时，伏尔泰是以人类的需求作为出发点的，在他看来，在人的需求的驱使下，人类有一种与生俱来的对财富、权力的渴望和好逸恶劳的倾向，试图奴役、剥削他人。无论是人类，还是动物，弱肉强食都是最普遍的规律，成王败寇最终导致了人类的不平等。因此，需要用法律来维护人与人之间的关系，杜绝不平等与特权，确保这个社会的公民享有自由与平等。可见，约束特权最有力的武器就是法律，法律面前，人人平等。

第九章　白昼之光，夜色之暗：
哲学这样看精神

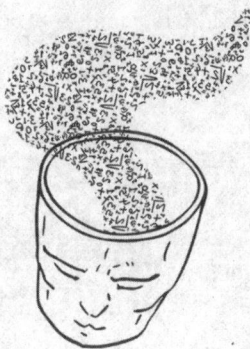

001

亚里士多德：哲学的本质

　　柏拉图门下弟子众多，而亚里士多德绝对是其中表现最为突出的一位，他善于思考，著作等身，据说足足有 1000 卷。除此之外，他还是伦理学、政治学、心理学、动植物学、物理学、逻辑学等众多学科的创始人。

　　亚里士多德所著的《形而上学》一书，其书名是根据拉丁文 Metaphysica 翻译而来的，意思是物理学之后。亚里士多德去世后，他的弟子将这本书的手稿藏入了一间地窖里，直到 300 年后，亚里士多德的第十一代传人安德罗尼克才重新编撰了这些古老的手稿，而这些被安放在物理学之后且名为《物理学之后》的内容就是今天人们所说的哲学。亚里士多德在手稿里探讨的问题都可以追溯到宇宙最根本性的道理，已经超越了有形世界的边界，极尽抽象，因此，后来我国的翻译学家将其翻译为形而上学，表达的是古文里所说的"形而上者谓之道，形而下者谓之器"的意思。也就是说，哲学的终极目的是探索宇宙的奥秘，宇宙之大道无边而无形，而世间万物却是有形的，才被人们称为是器物。

　　《形而上学》一书试图探讨种种哲学问题的本质，并为哲学研究划定了相对清晰的范围，书中作者详细地阐述了自己对哲学中最根本性问题的看法。

　　亚里士多德认为，在众多学问之中，哲学可能是唯一自由的，因为之所以研究哲学，并不是为了任何实用的目的，而是源自人类的好奇心、求知欲乃至个人爱好，而其他的许多学科都受制于实用的研究目的。哲学致力于探索一切最高的原理，这些无形的原理是其他学科的根据，融会贯通于所有领域里。也就是说，哲学是其他学科的第一原理。哲学源自人类的好奇心，当周遭的世界、万物的起源、宇宙的奥义都让哲学家感到难以理解时，他们就会从心中感到惊异，由此开始追根溯源，探索其中蕴藏的深意。这种追问性质的探索与一般性的疑问有着本质上的差别，这种追问是穷尽式的，一直要到问无可问时才会停歇，由此可见，哲学始终试图探索"终极"奥义。

在《形而上学》里，亚里士多德多次就实体进行了探讨，他对实体的理解有些混乱，在不同的地方对实体进行了种种大不相同的规定。这种现象一方面是因为具体语境所引起的，另一方面是因为讲稿所囊括的内容是亚里士多德不同时期的作品，他的思想在不断地发展与变化，理解上难免也有所偏差。

实体是存在的，它的存在不需要以任何其他的事物作为依据，它甚至是其他一切事物的依据。换言之，它才是万事万物得以存在的"终极"，是最根本的存在，追溯到了这里就再也难以前进了。我们不妨将实体理解为万物的本原，它也进而规定了万物的本质，这种本质是稳定的、不变的。比如说，人性彰显了人的本质，无论人的外形是高矮胖瘦，无论人是年轻抑或垂垂老矣，人永远都是人。

可见，实体一定是先于其他任何事物存在的。从某种意义上来说，任何事物都不过是实体进一步的实现而已。倘若实体没有先于其他事物而存在，那么这些存在的事物就没有本质可言，这从逻辑上是说不通的。试问，倘若一件事物没有本质，它又如何得以存在呢？

亚里士多德提出的实体论很晦涩，但并不是遥不可及的。倘若我们置身于这个世界之中，细致地观察它、体味它，就会发现周遭实体的力量无处不在：时间与空间是无限的，在其之中无限之多的事物生生灭灭，无穷往复。且看那浩瀚的银河系足足由1000亿颗恒星组成，然则，它不过占据了苍茫宇宙的一千亿分之一。换言之，与银河系类似的星系在宇宙里至少有1000亿个。浩瀚的宇宙里，无限的恒星永恒地燃烧着熊熊烈火，这些星系有条不紊地运行着，遵照着最本质的规律。

当我们面对这样的智慧与力量，我们除了满怀敬畏与渴求之外，又能如何呢？

002

黑格尔：密涅瓦的猫头鹰在黄昏起飞

　　黑格尔素有"思想界的拿破仑"之称，可以说是人类历史上思想最深邃的哲学家之一，凭着一己之力创造出一个恢宏博大的哲学世界。

　　在《法哲学原理》的序言里，黑格尔用了一个比喻来阐述哲学："当哲学把它的灰色绘成灰色时，一切生活形态就变老了。灰色绘成灰色，不能把生活形态变年轻，只能作为认识的对象。密涅瓦的猫头鹰，要等到黄昏到来才会起飞。"

　　一般来说，白天猫头鹰都在树上栖息，到了日落时分，才起飞去觅食。那为何黑格尔要特意指明是密涅瓦的猫头鹰呢？其实，密涅瓦就是雅典娜，即古罗马神话中那位象征着智慧的女神。据说，正是雅典娜将纺织缝纫、制作陶瓷、园艺种植等传授给了人类，她也因此深受雅典人尊敬。久而久之，那只栖息于她肩头的猫头鹰也成了智慧与理性的象征。

　　在《法哲学原理》中，黑格尔其实是用"密涅瓦的猫头鹰在黄昏起飞"这个优美的说辞来比喻人类的哲学性思考。黑格尔认为，哲学的一大魅力在于其思辨性，而哲学的思辨之光就如同密涅瓦的猫头鹰，它并不会在清晨的晨光里振翅而飞，也不会在白日的湛蓝天空里自由展翅，只有黄昏降临的时刻，它才悄然从树头一跃而起。其实，黑格尔是希望通过这个比喻来阐述哲学的实质是一项反思性的活动，是一种通过沉思获得的理性。他写道："哲学将反思作为认识方式，也就是思维跟随在事实之后，对那些业已存在的经验或显示对象进行反复思考。"可见，在黑格尔看来，反思其实是人们一种"基于认识的认识""基于思想的思想",也就是思想将自身作为认知对象,反过来对其进行思考。这是一种思考层面的不断深入:认识与思考就如同迎着旭日起飞或在蓝天白云里振翅翱翔的鸟儿,而夜幕降临之时,在黄昏里悄然起飞的则是更深邃的"反思"。此外,还有更进一层的含意,那就是哲学性的反思是甘于寂寞的、深沉厚重的、毫不哗众取宠的。对于哲学家而言,任何的沉思都是长久而寂寞的,一直要等待着最后一刻的到来,而那瓜熟蒂落的时刻就如黄昏悄然而至时,密涅瓦的猫头鹰迎着落日的余晖跃入空中。同时,这也启示着众多哲学研究者,一旦尝试着进入复杂而晦涩的哲学研究领域,就一定要耐得住寂寞。

正如黑格尔所说:"时代是如此艰苦,以至于人们将太多精力投向日常的琐碎兴趣。那些琐碎早已磨灭了人们自由的心性,再也没有耐心去理会纯粹的精神活动与高尚的内心世界,如此艰难的环境牢牢束缚住了许许多多杰出的人类。哲学所要反驳的事物可以归纳为两大方面,一是精神沉溺于日常琐碎而肤浅的兴趣之中;二是一些流于浅薄的意见。一旦这些肤浅的意见占据了精神,理性也终究迷失方向。因此,哲学性的思考离不开反思,这是一种精神上、情绪上自发的态度,是深刻的,也是认真的。"

003

黑格尔：绝对精神

　　逻辑学是黑格尔哲学的一个重要研究领域，他在逻辑学方面的主要研究对象是绝对精神、绝对理念、纯粹真理等，指的是既存在于世界上所有客观事物里又存在于人的头脑里的精神、理念或真理等。

　　不论在哪个时代，哲学家永远走在人类的最前列，他们胸怀着一种与生俱来的责任感，试图为全人类社会和整个自然界解决所有生命体最关心也最困惑的本原问题。他们中间很多人耗费了一生的精力来研究诸如"我是谁""我从哪儿来""我要去向何方"等命题。这些命题看似简单，却常常让人困惑不已。这些哲学家结合自己的研究给出了形形色色的答案，简言之，这是整个哲学作为学科发展的一个缩影。

　　黑格尔就是这样一位颇具人类使命感的哲学家，正如我们所知，黑格尔讨论的逻辑学探讨的逻辑与我们现在常说的形式逻辑并不相同。黑格尔的逻辑学致力于研究事物的本质。那么，在黑格尔看来，究竟什么是事物的本原呢？

　　在黑格尔看来，逻辑学的研究对象是一切事物的本质，而这个本质不是个体性的，而是普遍性、一般性的。正是基于此，黑格尔提出了绝对精神这个概念。可见，绝对精神是一种绝对的真理，适用于世间的一切事物。而黑格尔提到的绝对精神及相关名词其实表达了相同的概念。而我们可以从以下这些层面来理解黑格尔的逻辑学研究的绝对精神：

　　第一，绝对精神之所以"绝对"在于它的普遍性。在黑格尔看来，绝对精神与世界上任何事物的个别性完全不同，是一种普遍意义上的精神或理念，其中不掺杂任何特殊性，是最抽象、最普遍的理念。而绝对精神可以规定万事万物，换言之，绝对精神的这种规定性可以决定万事万物的个别性。可见，绝对精神的绝对并不是彻底抽象的，一旦它与一切的感性事物联系在一起，它就被具象化。在那些具体而感性的事物面前，绝对精神就是凌驾于一切之上的"上帝"，万事万物及其各个方面则具体体现了"绝对精神"的这种力量。

第二，绝对精神就是绝对的真理。绝对精神在我们的生活中是看不见，也摸不着的，但是，它决定并主宰着世间的一切事物。在黑格尔看来，在物质世界里，绝对精神其实是绝对的真理。

第三，绝对精神并不是全然抽象的。在黑格尔看来，人们通过反思就能在意识层面认识并了解那些感性事物真实的本质。所谓反思，就是人类作为个体进行的一种主观能动性的活动。在反思的过程中，主体意识会对感性事物进行一系列的认识、加工和改造。这是一项长期而艰巨的活动，可以分为多个阶段，而通过长期的反思，最终事物最真实的本质会在主体意识里得以呈现。

第四，绝对精神是第一性。在黑格尔的逻辑学里，一切事物的本质是他的研究对象。他指出，世间万物的产生、发展与灭亡无不关乎逻辑，也就是他反复提及的绝对精神。我们平时所说的时间概念里也有第一性的说法，只要某件事物在时间上先于其他任何事物，那么，它在时间意义上就具有了第一性。然而，我们并不能这样机械地理解黑格尔所谈论的绝对精神的第一性。总之，绝对精神的第一性是抽象的，正如黑格尔所说，"绝对精神正是'潜伏'于万事万物各种表象之下的真理"，而这里的第一性正是潜伏。

004

皮浪：聪明的人不动心

人在怀疑心的驱使之下，开始了对这个世界积极的探索。同理，也正因为在怀疑的驱使下，我们对这个世界的认识才越来越趋向于它的本质。哲学的发展始终伴随着怀疑，因为人对于这个世界的认识是不可能穷尽的，因此，也断然没有人敢说他已经掌握了世界的本质。

古希腊哲学家皮浪将怀疑主义作为一种理论形态引入哲学体系中，他认为现象是存在的，但他不认可现象的真实性。在他看来，怀疑是永不停歇的，应该不断探索，而不应该因为任何肯定或否定的结论而就此打住。

与斯多葛学派或伊壁鸠鲁学派的很多观点不同，皮浪不相信感觉、理性或逻辑。他认为，人们应该对万事万物保持沉默，不要妄加判断，不要因为任何人或事物而心动，从头到尾要保持一颗怀疑之心。他年轻的时候去印度、波斯等地游历，与那儿的智者、贤人、僧侣频频接触，在当地僧侣的启发之下，最终得出了怀疑论。

作为怀疑主义者，皮浪提出过几个关于怀疑的论证：

第一，即使是同一样东西，对象不同了，感觉也随之不同。比如说，同一根葡萄藤，对山羊而言是甘甜可口的美食，但对人来说，就未免太过苦涩，以至于难以下咽；鹌鹑可以在挺立在悬崖峭壁上的松树上上蹿下跳，但如果人类做出同样的举动则可能危及生命。

第二，人们有着各不相同的特点，比如亚历山大的管家经常在阳光的照耀下瑟瑟发抖，却在树荫下感到温暖而惬意。

第三，针对同一件事物，不同的感官得到的印象是不一样的。比如说，同样一个苹果，如果你用眼睛看，它是红色的，用鼻子闻，它散发着淡淡的清香，用嘴和舌头去品尝，则感受到水果的甘甜。

第四，人处于不同的状态之下，对同一件事物的认识也有所不同。当一个人身体健康的情况下，他并不认为身体很重要；但如果他生病了，则会认为身体比其他任何事物都重要。

第五，各个地方的风俗习惯、道德、法律等都截然不同。比如说，西里西亚人热衷于出海当海盗，希腊人同样被大海环绕着，却不愿意做同样的营生；各个地区的不同个体也信奉着完全不同的神。

第六，受各种因素的影响，不同的事物混合在一起，以致完全分不清楚了。比如说，同样一块石头，它在空气里时必须要两个人才能抬得动，但如果它在水里，只要一个人就能抬起来。这种情况可以一分为二地看待：也许岩石的重量是固定的，而水将它抬起来了；也许岩石本身没有那么重，而它处于空气中时，空气使它的重量增加了。

第七，针对同一件事物，人们所处的位置和距离不同的情况下，他们的认识也会不同。如果从远处看一件事物，就会比较小，甚至有时方形还会看上去是圆形的。

第八，一件事物因为适度与否，将对人们产生利弊不同的影响。比如，适度地饮用一些酒水可以强身健体，但是过度酗酒则对身体百害而无一利。

第九，对于同一件事物，因为习惯不同，看法也会不同。有的人生活在地震频发的地方，即使他遇见大地震，也会觉得很寻常。

在皮浪看来，人应该常怀一颗怀疑之心，怀疑一切事物。世界上的任何一个命题都存在着一个与之对应的反命题，而且这些反命题拥有同样的分量，比如善与恶、真与假、真诚与虚伪，这些相反的命题之间其实并没有明确的界限。皮浪主张怀疑万物，但他最终的目的也在于达到一种宁静且不动心的境界，也就是他眼中的幸福。万事万物都处于相互矛盾之中，要对矛盾的事物进行判断必然会引起争论，心灵也难以保持宁静；同理，无论对任何事物进行何种判断或评价，都不可避免地会引发困惑，因此，只有停止这种判断，才能尽可能避免困惑，让一切回归平静。

直到 15 世纪，哲学仍处于亚里士多德学说的统治之下，而这些来自皮浪的理论或假说则被人们视为是常识。直到 15 世纪之后，人们不再是简简单单地接受这些"常识"，而是将经久不息的怀疑主义视为哲学态度的一种。

005

恩披里克：怀疑乃不做判断

希腊后期哲学的主要思潮之一就是怀疑主义，生活在公元前3世纪的皮浪是创始人，但是，他并没有就这一主张写下专门著作。恩披里克生于公元3世纪，他继承了皮浪的哲学思想，并在《皮浪主义文集》一书中对皮浪的相关学说进行了阐述。

怀疑一切真理的标准是怀疑主义最基本的态度。对一切独断的结论，怀疑主义都报以怀疑，任何一切观点都不是绝对的真理。原因在于，每个观点或论题的背面，都存在着一个相对立或相反的观点或命题，而这两个对立的观点都是可以予以证明的，这样一来，人们就难以确定究竟哪个观点或命题才是正确的了。万事万物皆是如此，有人说好的同时，就有人说坏，有人说是的同时，就有人说否，并且无论哪一方，都有充足而确凿的理由。

于是，这样一种状况就司空见惯：对于同一个问题，古往今来的无数哲学家发表了精彩纷呈的看法，但却难以统一口径。比如，有关万物本原的问题，一切事物究竟是从哪里来的？究竟是什么构成了万事万物？它们最终的归宿又是哪里？泰勒斯是第一位探讨万物本原的哲学家，他认为，水是万物的根源，万物由水构成，最终又回归到水的状态。在他之后，后续哲学家又相继提出，气、种子、原子、理念、实体等是万物的本原，并都针对自己的观点提出了相应的证据。如果我们只考虑其中的某一种观点，都会认为很有道理；但是，当我们转向另一个观点或是将几个观点结合在一起时，就会发现其中的矛盾。

正是因为如此，恩披里克提出，这就说明世界上根本就没有客观真理，也没有为人们所公认的真理标准。任何真理都是主观的，来自某个人的感受或认识，也就是说，只有对于这个人来说这个真理才是真实的、有意义的，对他人则未必。就像他说的，"一样的温度，让年轻人感到温暖，却让老年人感到寒冷；同一件事物，让这个人感受到美，却让另一个人感到丑"，"不，哪怕对同一个人而言，固定不变的真理也不存在：他年轻时热爱音乐，年老时却爱上了绘画；同一杯蜂蜜，健康的时候喝，觉得甘甜可口，生病的时候喝，却苦涩得难以下咽；陷入热恋的时候，觉得自己的情人是世界上最好的，步入婚姻，所有美好的光芒都慢慢地在时光里消磨，日如一日的耳鬓厮磨消磨了所有的新鲜感。可见，即使是同一个人，他的感受和认识也时刻都在变化着，那么怎么又会有得到人们公认的普遍的真理呢？"

由此可见，在怀疑主义者看来，真理是相对的，而不是绝对的，当具体情况、对象、判断者及其境况有所变化时，真理也会随之变化。即使对同一件东西，不同的人在不同的情境之下会做出不同的判断，因此，一成不变的真理标准是永远不存在的。换言之，倘若真理存在，那它也处于随时随地的变化之中。在时间、地点、年龄、性别、学识、习惯、情感、身体状况等因素的影响下，一切都在变化着，完全脱离具体的抽象标准是根本就不存在的。

可见，在恩披里克看来，人们根本无从知道事物的本质。针对同一件事物，我们能做出截然不同的判断，那么，我们也就无从知晓哪一种判断符合事物的本质。如果非要下一个定论，就只能说某件事物可能是这样的，也可能是那样的，或者既不是这样的，也不是那样的。然而，恩披里克并不是要彻底否认感受的真实性，而是在怀疑这种感受是否就是事物的性质。比如说，人们吃苦瓜，感到很苦，这是一种真实的感受；但是，一旦不借助于舌头或味蕾等感官器官，我们就无从知晓苦瓜是否苦。由此，恩披里克等怀疑主义者认为，苦瓜的苦只是我们自己的感觉，而不一定是苦瓜自身的性质。

恩披里克认为，一个人不能将个人的看法或感受武断地说成是普遍真理，这无异于将个人的主观感受强行加诸其他人或事物身上。因此，恩披里克主张，不要对任何观点或认识进行判断，换言之，对任何观点都不予以肯定或否定。总而言之，这是对于所有观点抱以不置可否的怀疑态度。这正是怀疑主义者的思想精髓，因为一旦判断了是非真伪，就无异于陷入了一场永远没有结果的诡辩中。因此，对于一切命题或观点，都不说是或非、好或坏、美或丑、知或不知，这是怀疑主义者最基本的态度。

006

斯宾诺莎：用理性克制情感

历代哲学家就人类究竟能否克制自身情感、克制情感的能力强弱进行过反复讨论，斯多亚学派和笛卡儿认为，人类在控制自身情感方面有绝对力量，而斯宾诺莎对前人的这些观点持批判意见，并就克制情感这一问题展开了自己的论述。

在《伦理学》第五部分的相关内容里，斯宾诺莎详细地探讨了关于医治情感的方剂这个问题。他在序言部分写道，每个人在其人生历程中都经历过这些方剂，只是少有人能准确地认识到这些方剂的存在，而他之所以撰写这些内容，就是为了让人们能更清晰地了解它们。然而，他的目的似乎并未达成。后来的西方哲学家就他给出的几种方式及其效果进行了讨论，看法大相径庭。

我们后来一般认为，斯宾诺莎就克制情感给出了六种方法：

第一种方法是分离与联合。他写道："我们可以把心理的情感与其关于它的外在原因的思想分离开，让它与另一个思想相联合，那么因为外在原因所引发的爱恨及内心的波动都会随之消失。"他提出这个方法的根据是，爱或恨是伴随着某个外在原因所产生的快乐或痛苦的感受，因此，当与其相关的外在原因被抽离开了，快乐或痛苦等情绪上的波动也排斥开了，而这种情绪上的波动本就是爱与恨的本质，因此，爱与恨也就不复存在。

第二种方法是对被动的情感形成清晰明确的观念。他认为："只要我们能对被动的情感形成清晰明确的观念，这也就意味着可以立即终止它作为一个被动的情感而存在。"在他看来，人之所以会感到痛苦，是因为心灵的活动力量受到了限制或有所减少，因此，主动情感是不会给人以痛苦的感受的。痛苦、快乐和欲望是人最原始的三类感情，与这三种感情有关的其他情感都有主动与被动之分。比如，野心就是欲望的一种被动情感，而责任心就是欲望的一种主动情感。

第三种方法是认识到万物的必然性。斯宾诺莎认为，"只要心灵能理解一切事物的必然性，那么，它就有愈发强大的力量控制情感，而感受到的来自情感的痛苦就越微弱"。他认为，人们必须认识到所有不幸的事情都是被环环相扣的因果关联决定的，因此，当人们意识到这些不幸不可避免时，由这些不幸所引发的痛苦也就微弱了许多。他举例子说，如果一个人丢失了某件很有价值的东西，但他要是能认识到这件东西以任何方式都难以保存，他因为丢失而产生的痛苦也会随之减轻。

第四种方法是增强基于理性的情感。斯宾诺莎认为："但凡是源自理性的情感，都拥有更强大的力量。"他所说的缘起理性的情感指的就是建立于理性知识之上的情感。所谓的理性知识，是从普遍性的观念里获得的，是关于万事万物所共有的特性的知识。接着，他又解释说："任何源自理性的情感必然与万物的共同特性息息相关，我们永远可以借助同样的方法来想象它们。这种感情也是永恒的、不变的。"换言之，任何源于理性的情感都以同样的方式永恒地存在于人们心里，不生不灭，永不消失。

第五种方法是心灵要对导致情感产生的各种不同原因经常进行考察。他认为："有的感情可能与许多种不同的原因有关，倘若心灵能对这种情感及其相关的各种原因进行考察，就比知识局限于某个原因对心灵产生的危害要小得多。我们受的痛苦随之减少，我们因为每一种原因而产生的激动也随之减少。"他指出，情感的对象并不是引起某种情感的唯一的原因，任何一种情感都是由许多种原因引发的。因此，如果将对象视为唯一的原因，与之相对应的情感就会愈发浓烈。然而，如果意识到引发某种情感还有很多别的原因，这种情感就会相应地变弱许多。他举例说，只要我们告诉自己彼得并不是我们对彼得产生爱或恨的唯一原因，那么，我们对他的爱或恨也会不那么浓烈。

第六种方法是按照理智的次序对身体的情状，即情感进行整理。他认为，思想和关于事物的观念是如何在心灵里排列或联系的，身体的情状或事物的形象也会以相对应的形式在身体内排列着、联系着。我们都知道，心灵可以从这个观念推演出那个观念，因此，"我们就可以按照这种理智的次序，对身体情状的种种力量来进行排列或联系"。正因为我们拥有这种能力，因此，我们不会轻易被任何恶的情感所左右，产生心灵上的波动。

斯宾诺莎所提出的以上六种方法，就论证角度及效果来说都不甚完善，甚至有明显的缺陷。然而，我们并不能因为这样或那样的缺陷就忽略了他的学术观点的价值。正如费尔巴哈所说的："斯宾诺莎就欲望、激情、情感所进行的种种讨论都是相关言论里最丰富、最深刻、最杰出的。在他的众多著作里以《伦理学》为最，可以发掘出许多在经验心理学或哲学方面颇有见地的思想。"